童趣出版有限公司编译 人民邮电出版社出版

北 京

图书在版编目（CIP）数据

大英儿童百科万万想不到. 一条线穿起的400个历史知识 / 美国大英百科全书公司著 ; （英）安迪·史密斯绘 ; 童趣出版有限公司编译 ; 朱岩译. -- 北京 : 人民邮电出版社, 2025. -- ISBN 978-7-115-66691-8

Ⅰ. Z228.1；K109

中国国家版本馆CIP数据核字第2025VK4122号

著作权合同登记号 图字：01-2024-1500

著　　：大英百科全书公司

绘　　：[英] 安迪 · 史密斯

译　　：朱　岩　　责任编辑：张艳婷

责任印制：赵幸荣　　封面设计：马语默

排版制作：马语默　　尚丽俐

编　译：童趣出版有限公司

出　版：人民邮电出版社

地　址：北京市丰台区成寿寺路11号邮电出版大厦（100164）

网　址：www.childrenfun.com.cn

读者热线：010-81054177　经销电话：010-81054120

印　刷：天津海顺印业包装有限公司

开　本：889×1194 1/16　印张：13.5　字数：185千字

版　次：2025年5月第1版　2025年5月第1次印刷

书　号：ISBN 978-7-115-66691-8

定　价：68.00元

创作团队

大英百科全书公司（Encyclopaedia Britannica, Inc.）出版了世界三大百科全书之一——《大英百科全书》，250 多年来一直致力于激发人们的好奇心与学习兴趣。大英百科全书公司特别邀请了以下 3 位与众不同的专业人士参与这本书的创作。

佩吉·托勒（Paige Towler）是一位作家和编辑。她曾担任美国《国家地理》（少儿版）的编辑，写过关于动物做瑜伽的诗歌、发生在这个世界上的怪事，以及跟蛇和蝙蝠有关的搞笑故事。在考虑哪些历史趣闻可以被收入本书时，佩吉从自己喜欢的所有主题中获取灵感，如神话传说、被遗忘和鲜为人知的历史食物和时尚等。

安迪·史密斯（Andy Smith）是一位屡获大奖的插画家，毕业于英国皇家艺术学院（Royal College of Art）。他的作品带有一种乐观的情绪以及一种手绘的亲切感。安迪非常享受为本书绘制插图的过程，从岁斯威尔的“外星人”到澳大利亚的鸸（ér）鹋（miáo），每幅插图都能给人带来惊喜！

劳伦斯·莫顿（Lawrence Morton）是一位艺术总监及设计师，他喜欢让文字阅读变得有趣。在为本书进行美术设计时，他联想到希腊神话中忒修斯穿越迷宫的故事，于是在书中用虚线和箭头标注出了一条路线，来帮助读者顺利完成这次万万想不到的知识探索之旅。

本书内容

趣闻之旅

欢迎开启万万想不到的探索之旅！

在充满乐趣的人类历史旅程中，事物将变得古旧起来。

是时候开启这场探索之旅了！这场探索之旅将带你了解数百个令人兴奋、惊叹并且超级酷的历史事实。比如：

中国考古学家发现了一条有3300年历史的裤子，这是迄今为止发现的最古老的裤子。

确实相当古老！不过，再看看世界上已知的最古老的枕头吧。它出现在大约9000年前的美索不达米亚，是用石头制成的。

说起石头，1799年，法国皇帝拿破仑的士兵发现了罗塞塔石碑，石碑上的文字帮助学者们破译了古埃及的象形文字。

根据历史学家的说法，古埃及人可能会在给宠物狮喂食的时候给它们唱歌。

考古学家在秘鲁发现了一幅有约2000年历史的艺术作品，画的是一只懒洋洋的猫。它被绘制在山的一侧，有一架波音737飞机那么长。

你可能已经发现了这场探索之旅的特别之处：每一则趣闻都以出人意料而又令人捧腹的方式与下一则趣闻联系在一起。

在这场与历史有关的探索之旅中，你将会遇到**不同民族的统治者**、**奇异的时尚**、**令人惊奇的战士**、**历史性的劫案**……还有什么呢？快去发现每翻一页都有怎样的惊喜吧！

本书不仅仅提供了一条阅读路线。你的阅读路线每隔一段内容就会出现分支，通过**向后**或**向前跳转**，你会来到书中一个全新但仍相关的部分。

跟随你的好奇心去到你想去的地方吧。当然了，这里就是一个不错的起点。

比如，你可以绕路去

这里了解一下海盗。

跳转至第18页

2000多年前，在**早期的奥林匹克运动会**上，运动员是裸体参加比赛的。

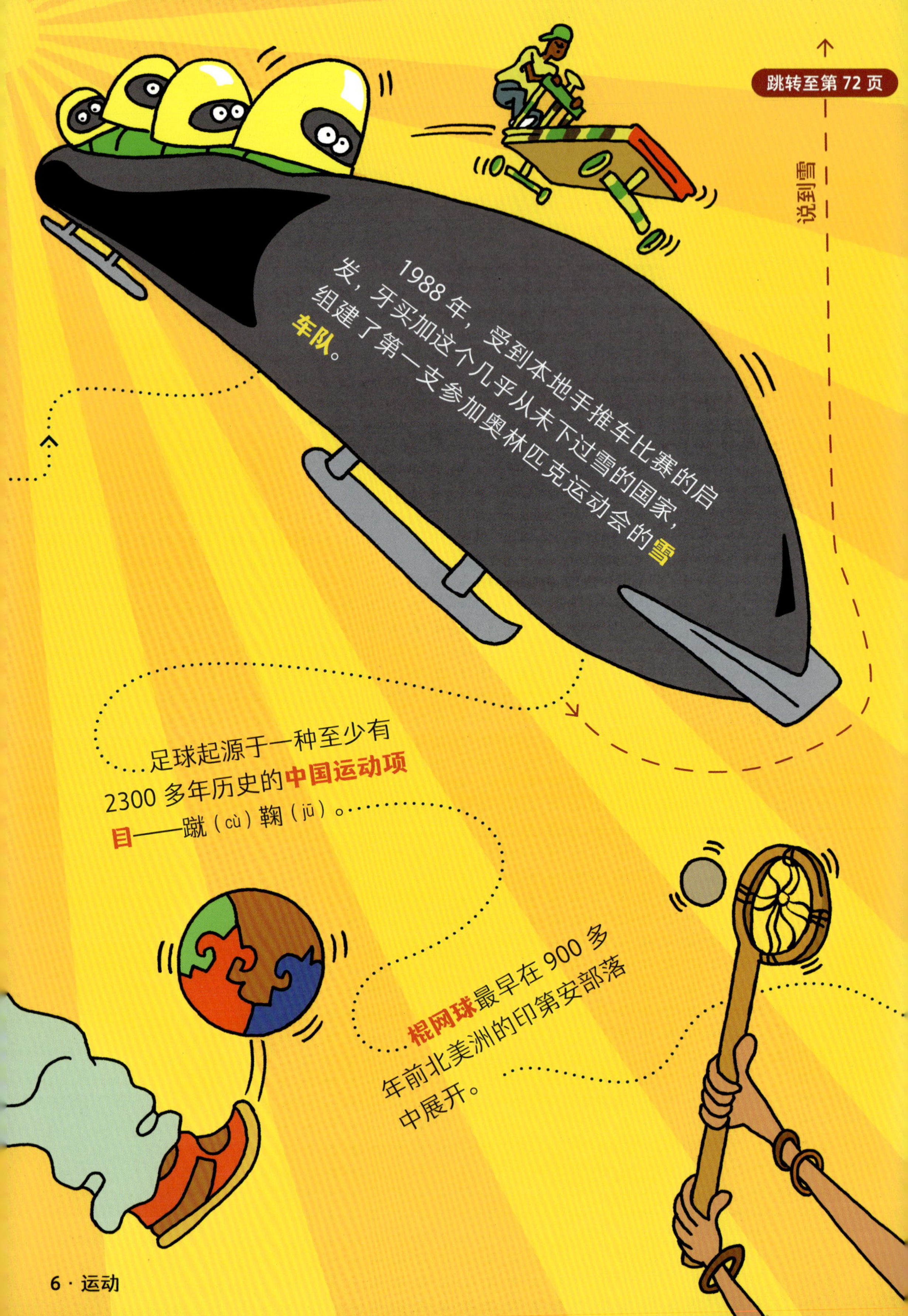

跳转至第 72 页
说到雪
1988 年，受到本地手推车比赛的启发，牙买加这个几乎从未下过雪的国家，组建了第一支参加奥林匹克运动会的**雪车队**。
足球起源于一种至少有 2300 多年历史的**中国运动项目**——蹴（cù）鞠（jū）。
棍网球最早在 900 多年前北美洲的印第安部落中展开。

阿根廷的官方国家运动“帕托”在18世纪需要运动员传递鸭子；现在，运动员则需要在**马背**上将球投入篮筐。

快跑！

19世纪90年代，一位名叫保罗·哈伯德（Paul Hubbard）的聋人橄榄球运动员发明了**靠拢布置战术**的方式，采用这种方式可以防止其他球队看到他的手势。

1969年，一位商人让赛马乘坐飞机环游世界，并为它们提供飞机餐。借鉴美国总统专机“空军一号”的名称，这架飞机被命名为“**空马一号**”。

跳转至第 38 页

大约从15世纪开始，欧洲和亚洲开始流行**马面甲**，用来将马装扮得像龙、独角兽或其他神兽。

19 世纪，位于现今太平洋岛国基里巴斯的战士们会戴由刺鲀（tún）制成的尖刺头盔。

去看看大海
跳转至第 138 页

16 世纪至 18 世纪的波兰翼骑兵穿着带有**巨大羽翼**的盔甲。

在古埃及金字塔中发现的画表明，一些**法老**会穿戴由数以百计的皮革或青铜鳞片制成的盔甲。

金字塔之旅

奇异的时尚
跳转至第 106 页

跳转至第 48 页

考古学家在墨西哥发现了隐藏在山体中的世界上体积**最大的金字塔**——乔鲁拉大金字塔。它建造于2300多年前，其基座长度相当于 9 个奥林匹克标准游泳池的长度。

科学家利用宇宙线缪（miù）子成像技术在吉萨大金字塔中发现了一个密室。缪子是**宇宙射线的副产物**，可以穿透石头，就像 X 射线可以穿透人体一样，形成图像。

更多发现

跳转至第 124 页

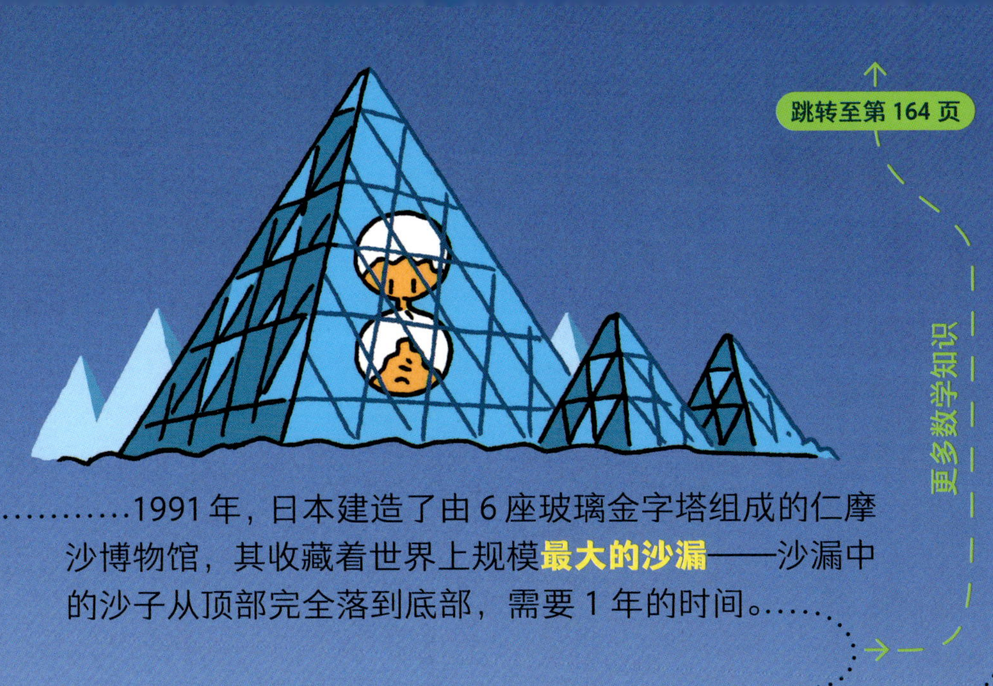

跳转至第 164 页

更多数学知识

1991 年，日本建造了由 6 座玻璃金字塔组成的仁摩沙博物馆，其收藏着世界上规模**最大的沙漏**——沙漏中的沙子从顶部完全落到底部，需要 1 年的时间。

位于墨西哥玛雅古城遗址的库库尔坎金字塔有 365 级台阶，它们象征着**一年中的每一天**。

探索苏丹

苏丹拥有 **200 多座**古代金字塔，比世界上其他任何国家都多。

苏丹有一座拥有约2300年历史的法老**坟墓**，人们只有佩戴呼吸管潜入水下深处才能进入该坟墓。

秘鲁古代文明莫切文化的一位统治者埋葬在一座豪华的**坟墓**里，随葬品有黄金、珠宝，还有他最喜欢的**宠物狗**。

1984年，“发现号”航天飞机上的厕所系统出现故障。由于**太空**中的温度极低，厕所外面形成了一根由**尿液**冻成的大冰柱。

在合适的条件下，你可以从**太空**中看到拥有 800 多年历史的柬埔寨吴哥窟周围巨大的**护城河**。

中世纪欧洲**城堡**周围的**护城河**里，常常充斥着从城堡厕所排放的排泄物。

据说，瑞典柯基犬最初是由**维京人**繁育的**宠物狗**品种，它们看起来像是威尔士柯基犬和狼的结合体。

930 年左右，在冰岛定居之后的**维京人**建立了一种**政**治体制并一直沿用到今天，这是世界上现存的最古老的政治体制之一。

在古罗马时期，由于**尿液**被用于很多地方，因此**政**府会向从公共厕所收集尿液的人征收税费。

工人们在罗马尼亚修缮一座14世纪的**城堡**时，发现了一条**隐藏**在壁炉后面的逃生通道。

波士顿一家钢琴店的地下**隐藏**着一座建于1896年的剧院。这座剧院在地下四层，曾用于举办音乐会和进行歌剧表演，现已关闭。

演出必须继续

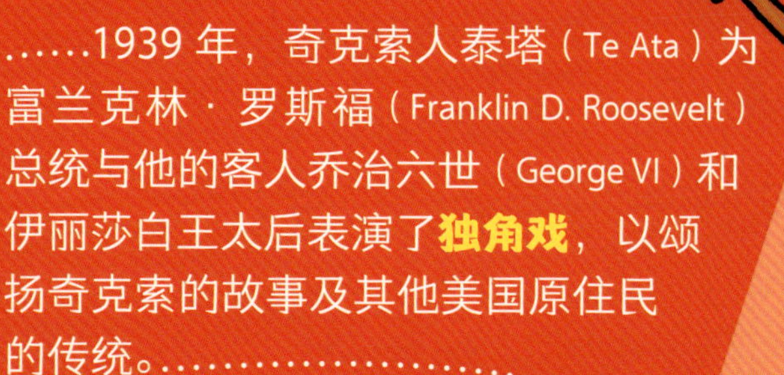

1939 年，奇克索人泰塔（Te Ata）为富兰克林 · 罗斯福（Franklin D. Roosevelt）总统与他的客人乔治六世（George VI）和伊丽莎白王太后表演了**独角戏**，以颂扬奇克索的故事及其他美国原住民的传统。

对于威廉 · 莎士比亚（William Shakespeare）的戏剧《麦克白》，现在许多演员都不直呼其名，而是称它为“**那部苏格兰戏剧**”。

起源于 12 世纪左右的越南水上木偶戏，
要求表演者利用水下的竹竿或轨道装置操控木偶。
这些木偶戏讲述的是关于越南民间英雄、
跳舞、日常生活的故事。
启航

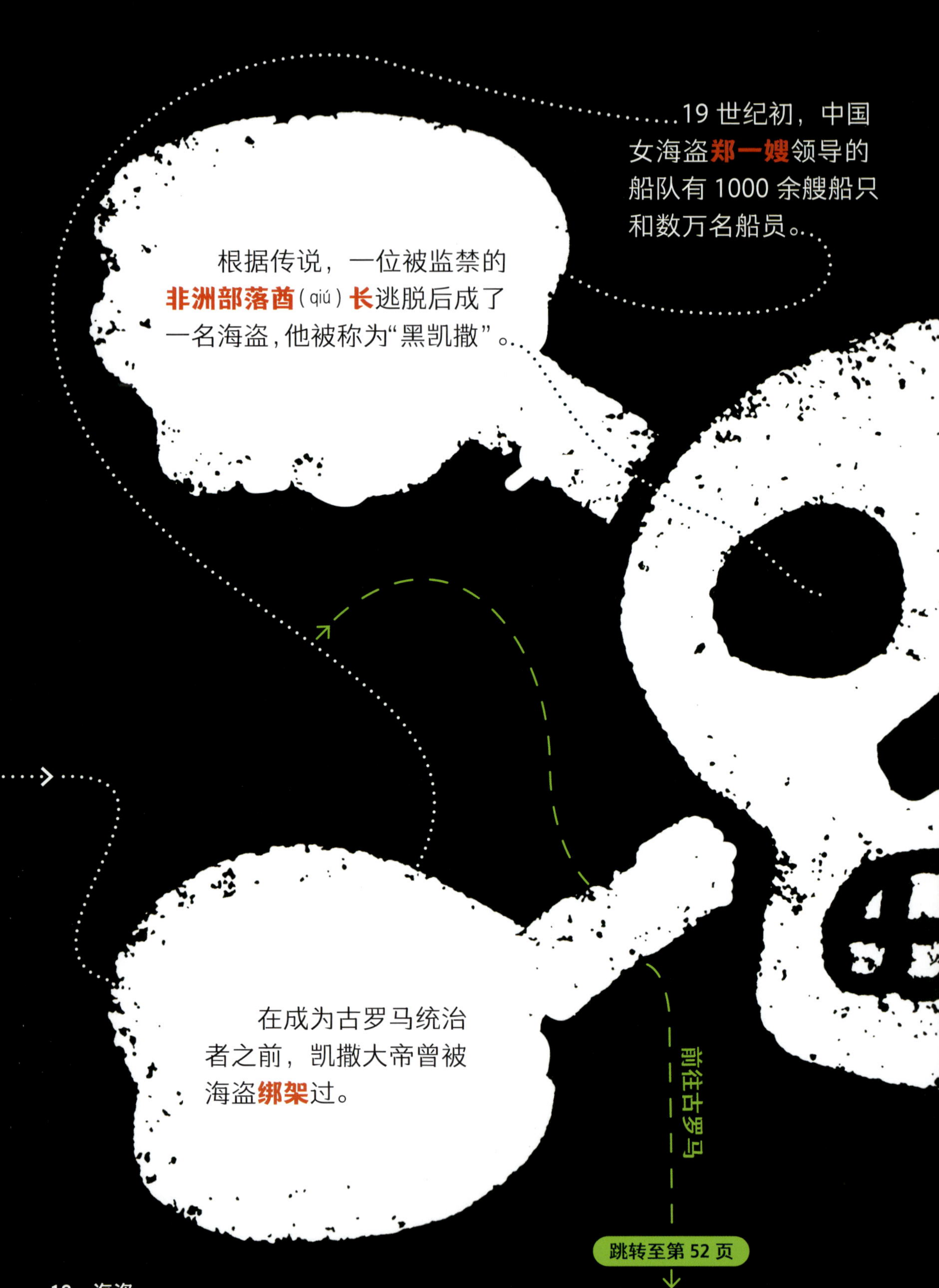

19 世纪初，中国女海盗**郑一嫂**领导的船队有 1000 余艘船只和数万名船员。
根据传说，一位被监禁的**非洲部落酋**（qiú）**长**逃脱后成了一名海盗，他被称为“黑凯撒”。
在成为古罗马统治者之前，凯撒大帝曾被海盗**绑架**过。
前往古罗马

跳转至第 52 页

19世纪晚期，在美国马里兰州和弗吉尼亚州之间的切萨皮克湾，海盗们为控制这一区域的牡蛎（lì）贸易而爆发冲突，史称“**牡蛎战争**”。
1681年，英国海盗从一艘西班牙船上抢夺了700块**银板**，然而他们放弃了这些财宝——他们以为这些银板是没什么用处的锡板。
去战斗

跳转至第 142 页

抵达澳大利亚

法国国王路易·菲利普（Louis Philippe）曾经因为一场在**糕点店**发生的冲突向墨西哥宣战。

甜食来了

1932 年，澳大利亚政府向**本国的鸸鹋**宣战——结果以失败而告终。

帕夫洛娃蛋糕是一种由蛋白酥皮、奶油和水果制成的甜点。据说，这种甜点是 20 世纪 20 年代被发明出来的，它看起来就像俄罗斯芭蕾舞演员**安娜·帕夫洛娃**（Anna Pavlova）的芭蕾舞短裙。

请到这里跳舞

跳转至第 186 页

伊丽莎白一世（Elizabeth I）给来访的外国贵族制作和他们长相相似的**姜饼人**，给他们留下了深刻的印象。

大约2500年前，玛雅人相信用**热巧克力**能治疗皮疹和发烧。

土耳其有一种叫作鸡胸肉布丁的甜点，是用**甜布丁和鸡肉**制作的。相传，它是奥斯曼帝国的一位苏丹因深夜想吃夜宵而命人发明的。

20世纪中期，一位日本面包师受到欧洲之行的启发，创造了日式芝士蛋糕——一种可以**抖动**的芝士蛋糕。

更多关于玛雅人的故事

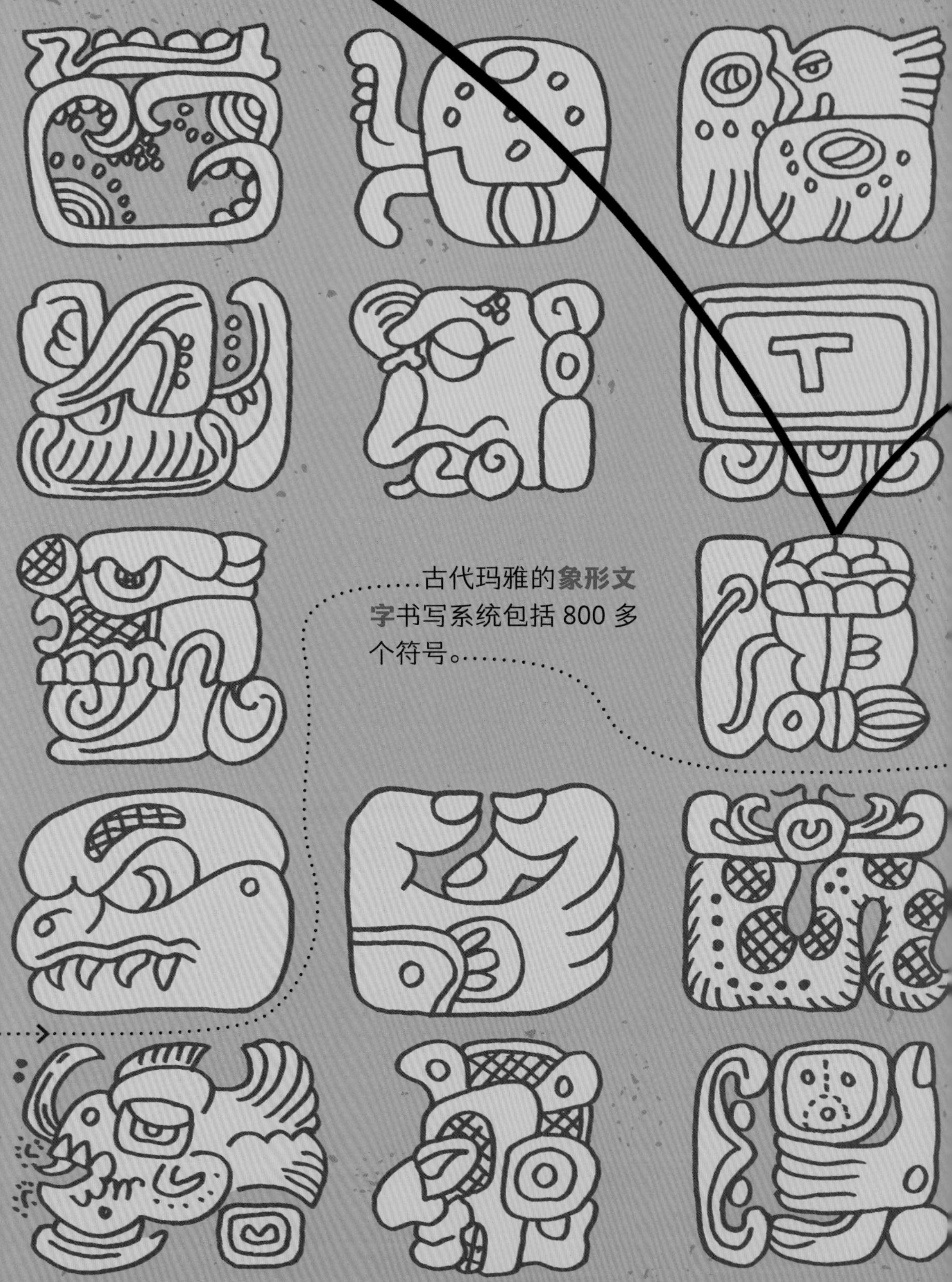

古代玛雅的**象形文字**书写系统包括 800 多个符号。

跳转至第 110 页
继续阅读
在“橡胶树”被植物学家命名的2000 多年前，玛雅人就已经会制作用于运动的**橡胶球**了。
古玛雅人创造了一个**祈雨的节日**，节日期间，他们通过打破陶罐来模仿雷声——至今仍有人会庆祝这个节日。
让我们尽享欢乐吧！

自1922年以来，萨尔瓦多的一个小镇每年都会举行火球节。节日期间，参与者**投掷**燃烧的布料**火球**，以纪念1658 年的火山喷发事件。

1897 年，墨西哥瓦哈卡市市长创立了“**萝卜之夜**”——一年一度的萝卜雕刻庆典。

尼泊尔为期5天的灯节被称为“提哈节”。节日的第二天，人们会祭拜狗——死神的使者。在这一天，人们给狗戴上**鲜花项圈**，还会为它们准备特别的食物。

罗得西亚脊背犬的祖先最初是在今天的津巴布韦地区被驯养的，以保护它们的主人免受狮子的攻击。

1928年，巴迪（Buddy）引导主人莫里斯·弗兰克（Morris Frank）走在繁忙的纽约街道上。它属于美国第一批**导盲犬**。

在古代阿兹特克和玛雅文明中，人们相信墨西哥**无毛犬**能保护生者，并引导死者进入冥界。

1960年，两只**苏联小狗**“小松鼠”和“小箭头”是第一批被送入太空后安全返回的狗。它们在环绕了地球17圈后安全返回。
发射
萨路基猎犬是已知的世界上最古老的一种狗。它们在古埃及备受尊敬，是法老们的宠物。

苏联航天员尤里·加加林（Yuri Gagarin）是**第一个进入太空的人**。1961年，在前往发射场之前，他对着大巴车的右后轮撒了一泡尿，从此开创了一种新的传统。

1908 年，一场神秘的

爆炸

夷平了占地大约2000平方千米的西伯利亚森林。这可能是由一颗彗星或小行星在地球大气层高处爆炸引起的。

跳转至第 116 页
神奇的天空
我们为和平而来

欢迎来到
罗斯威尔

1947 年，一个**不明飞行物**在美国新墨西哥州的罗斯威尔坠毁。在那之后，人们认为外星人曾经到访了这里，但“不明飞行物”实际上是某种秘密技术设备。

有人在吗？

1977 年，一架名为“大耳朵”的太空望远镜探测到一个可能来自外星人的**神秘**信号。人们称之为“Wow!”信号。

尼日利亚的伊策基里人有建造巨型独木舟的传统。每艘**船**都是由一整棵大**树**雕刻而成的，有的船甚至可以运载超过 100 名水手。

1872年，人们在海上发现了**神秘**的幽灵**船**——“玛丽 · 赛勒斯特号”。当时，它漂浮在海上，船上空无一人。

1789 年，一位伦敦甜点专家发表了一份**帕马森**干酪冰激凌的**配方**。

迄今为止，人们发现的最古老的**配方**已有约 8000 年历史。它介绍的是如何使用荨（qián）麻**叶子**来做一种美味布丁。

几千年来，波利尼西亚人用又大又结实的朱蕉**叶子**来制作屋顶、渔网、绳子、衣服，甚至是**鞋子**。

几个世纪以来，北美洲、欧洲和澳大利亚的人们都把**鞋子**藏在家里的墙壁中。传说这样做或许可以避开恶**灵**。

根据神话**传说**，一个名叫巴尼克（Bannik）的幽**灵**曾到访过欧洲东北部的浴室。

尖桩栅栏（使用树干建造的尖头的墙*）是一种原始的防御设施。

*“墙”在英语中为 wall，下一条的“长城”在英语中为 the Great wall，都包含单词 wall。

长城的某些部分在建造过程中用米糊作为黏合剂。

黑米也被称为“帝王米”，据说是因为它曾经被当作中国古代皇帝的贡品。

据说，中国明代皇帝建文帝的宫殿被烧毁时，他化装成僧人逃跑了。

意大利僧侣最先制作了坚硬、咸味的帕马森干酪，以更好地利用牛奶。

人们在老挝(wō)发现了一组有约 2000 年历史的巨大石罐。传说，它们是巨人参加派对时留下的，他们把这些石罐当杯子用。

人们在伊拉克发现了一个大约 2000 年前的陶罐。它可能曾被用作电池——陶罐的中心有一根被铜包裹的铁棒，当装满醋等酸性液体时，它可以容纳电荷。

更多令人惊叹的发明

20 世纪 30 年代，一位英国发明家发明了单轮汽车——司机在一个**巨大的车轮**内部驾驶。

……早在2000多年前，生活在今天美国阿拉斯加州与加拿大的因纽特人就已经发明了**雪镜**。他们在骨头、皮革或木头上雕刻出狭窄的缝隙，制成眼罩。……

……大约2000年前，一位被称为“预言家玛丽（Mary）”的古埃及妇女发明了隔水加热法——一种用于烹饪和科学研究的方法，即在沸水中温和地加热物质。……

……1655年，一位德国发明家发明了最早的可以**自行推进的轮椅**。使用者通过转动曲柄使轮椅移动。……

……在第一架飞机出现的1000多年前，西班牙发明家阿巴斯·伊本·菲尔纳斯（Abbas Ibn Firnas）就成功地建造并驾驶了一架**滑翔机**。……

16世纪的一位科学家借助覆盖有羽毛的**假翅膀**，试图从苏格兰的一座城堡顶上飞下来，结果以失败告终。他把自己的失败归咎于错用了鸡的羽毛，而没有使用鹰的羽毛。

在第二次世界大战期间，一支全部由女性飞行员组成的部队被称为“**夜魔女**”。她们驾驶的飞机会发出“嗖嗖”的声音，和扫帚（zhou）扫地的声音十分接近。

2000 多年前，中国人发明了风筝，用来在战争期间**传递信息**。

更多古代中国的知识

根据中国古代传说，

红色

是好运的象征，因为只有红色才能吓跑“年”——一个长着狮子的头、公牛的身体、额头上有尖角的怪兽。

大约 2500 年前，
生活在意大利的伊特鲁里亚人
经常使用金丝来固定**假牙**。
几个世纪以来，
西非阿坎人的统治者都
穿着用黄金做成的**凉鞋**。
“Gold”（黄金）
在阿兹特克语中的
意思是“**神的粪便**”。
追随领导者

跳转至第 146 页

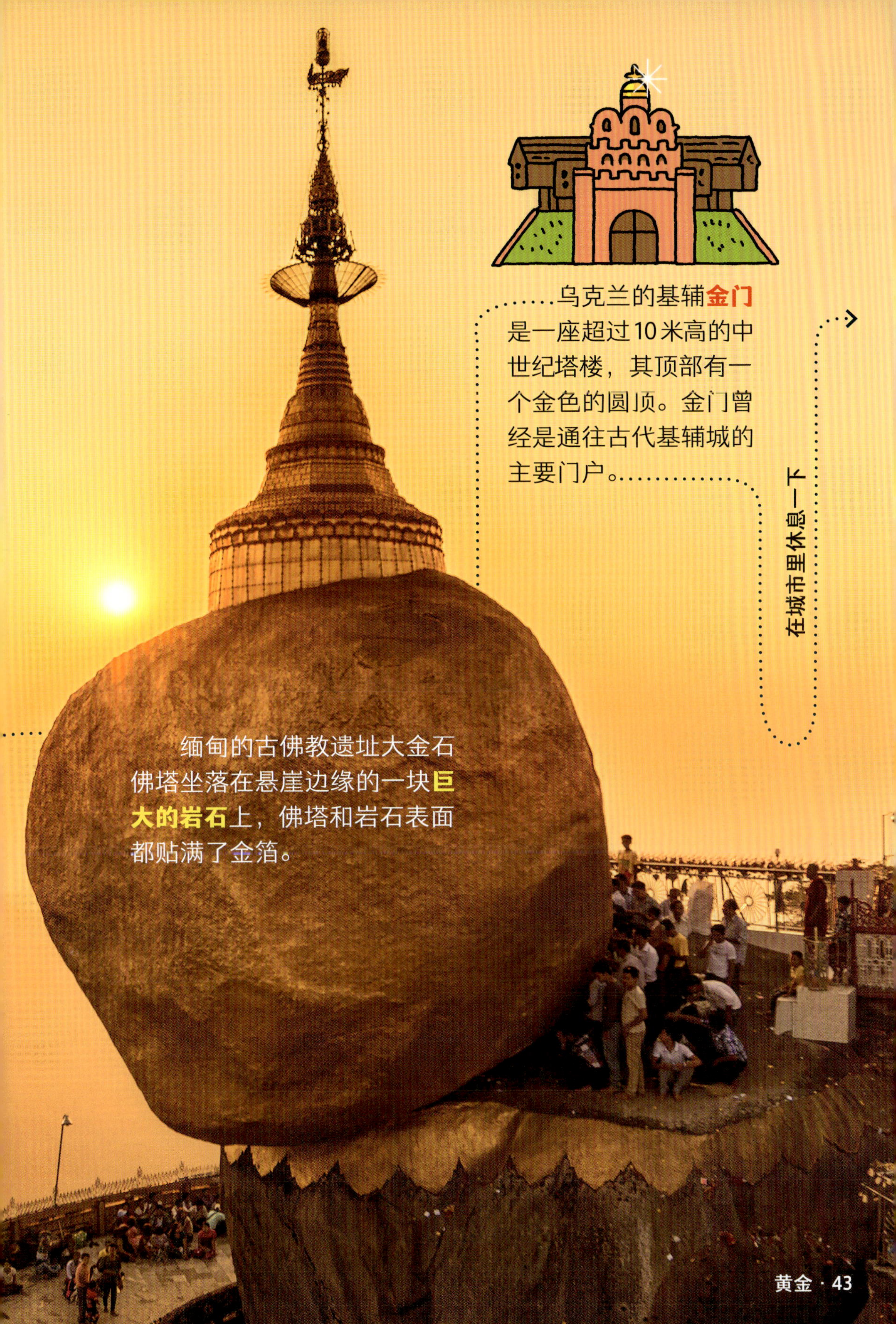

乌克兰的基辅**金门**是一座超过10米高的中世纪塔楼，其顶部有一个金色的圆顶。金门曾经是通往古代基辅城的主要门户。

在城市里休息一下

缅甸的古佛教遗址大金石佛塔坐落在悬崖边缘的一块**巨大的岩石**上，佛塔和岩石表面都贴满了金箔。

也门古城希巴姆中几乎全是 16 世纪用泥砖砌成的**高层建筑**。

更多的泥巴

跳转至第 158 页

科学家正在考虑恢复使用用**泥土**覆盖伤口的古老治疗方法——某些泥土可能有助于对抗伤口中的致病细菌。

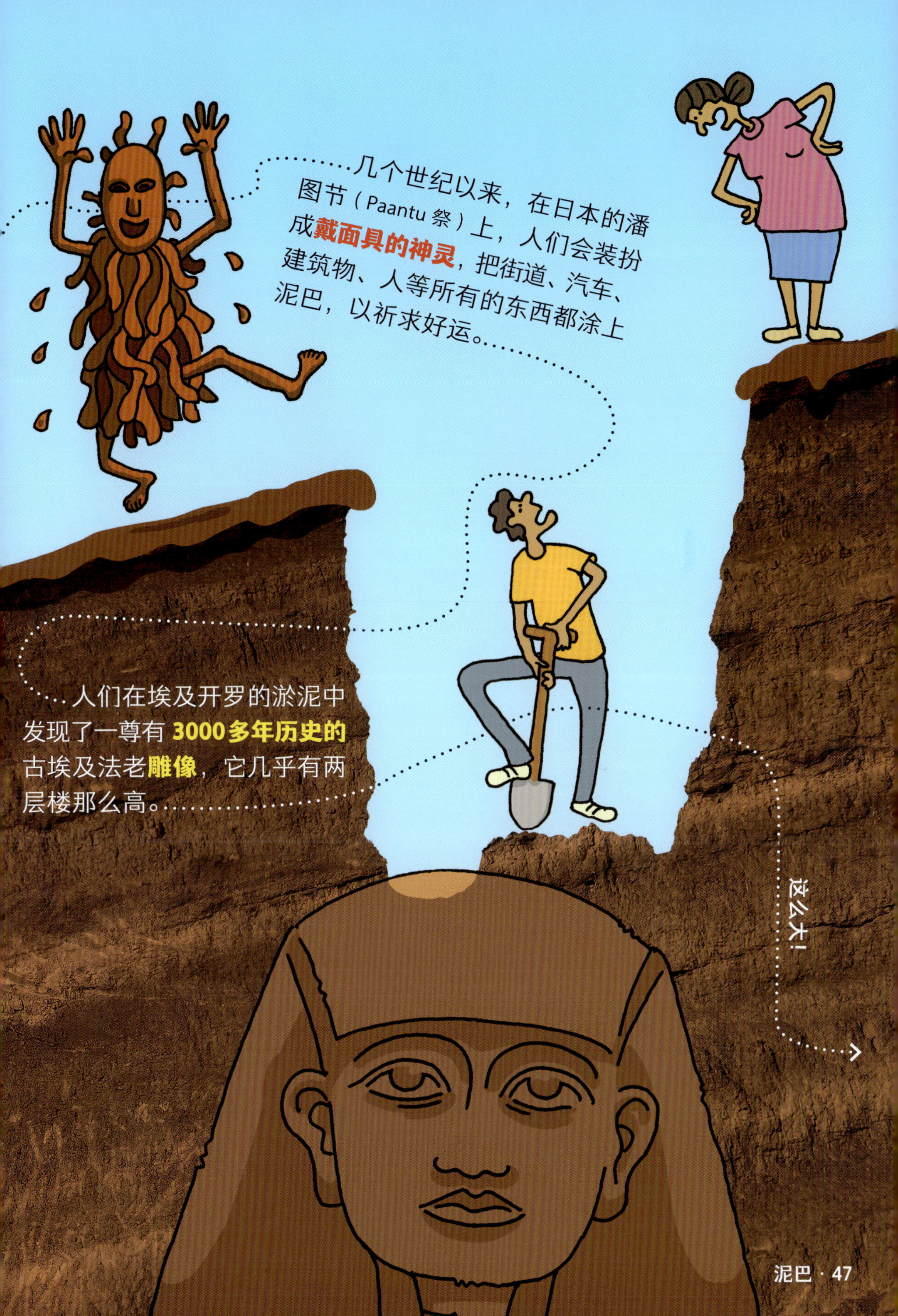

几个世纪以来，在日本的潘图节（Paantu 祭）上，人们会装扮成**戴面具的神灵**，把街道、汽车、建筑物、人等所有的东西都涂上泥巴，以祈求好运。
人们在埃及开罗的淤泥中发现了一尊有 **3000 多年历史的**古埃及法老**雕像**，它几乎有两层楼那么高。
这么大！

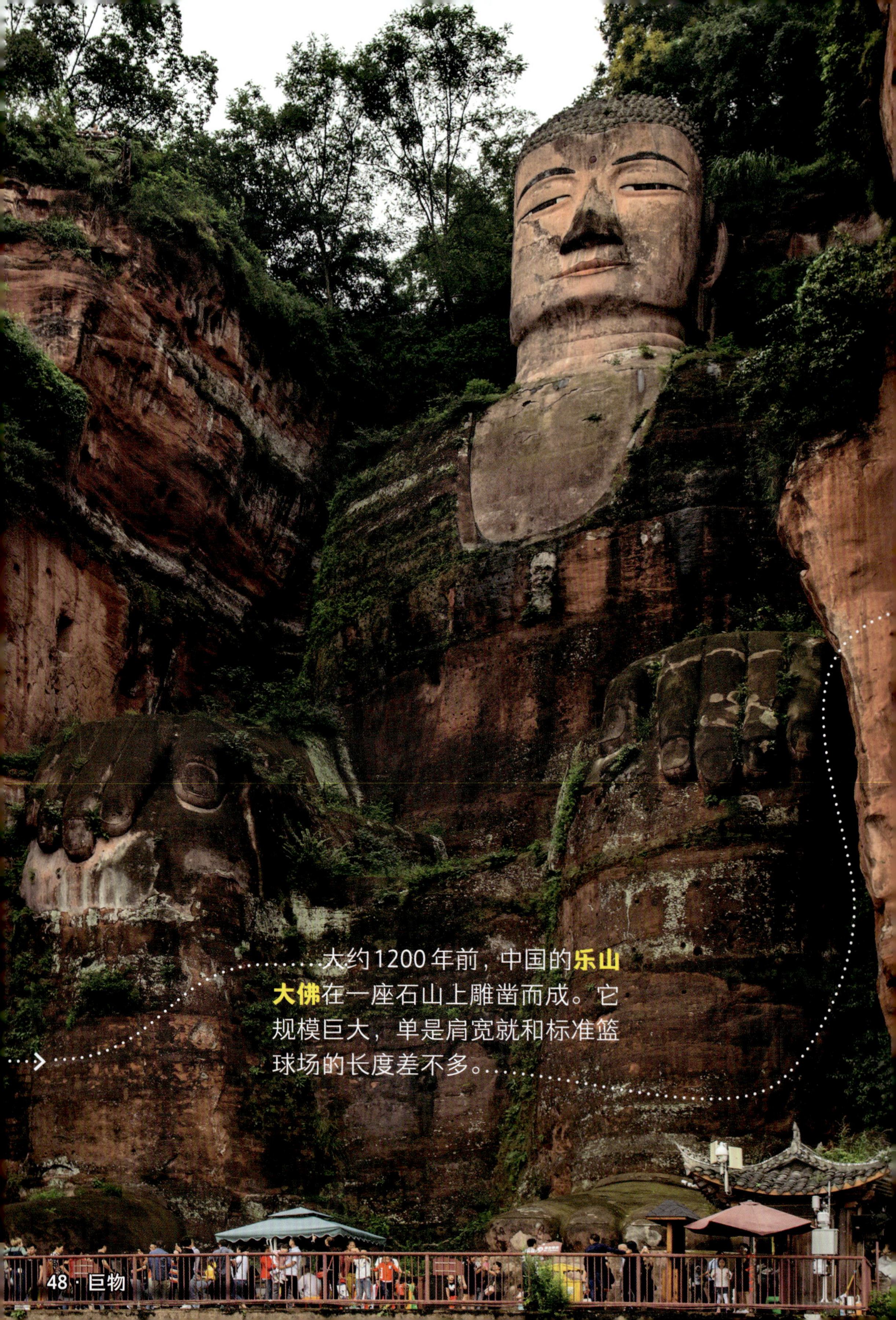

大约1200年前，中国的**乐山大佛**在一座石山上雕凿而成。它规模巨大，单是肩宽就和标准篮球场的长度差不多。

跳转至第 6 页

运动一下

考古学家在秘鲁发现了一幅有约 2000 年历史的艺术作品，画的是一只**懒洋洋的猫**。它被绘制在山的一侧，有一架波音 737 飞机那么长。

多么艺术啊！

第一发“人体**炮弹**”是一位名叫罗莎·里克特（Rosa Richter）的**特技**演员。1877年，她被马戏团的大炮发射出去。

贝茜·科尔曼（Bessie Coleman）是20世纪20年代非洲裔切罗基族的**特技**女**飞行**员。她是世界上第一个获得执照的非洲裔飞行员，也是第一个获得执照的美国原住民飞行员。

在美国独立战争期间，悬挂在美国新泽西州一个大厅里的乔治二世（George II）**国王**肖像被一发射进窗户的**炮弹**摧毁。

9世纪，阿拔斯王朝统治者哈伦·艾尔·拉希德（Hārūn al-Rashīd）将一头大**象**作为礼物送给了法兰克**国王**查理大帝。

古罗马和古希腊军队可能曾经利用猪来驱赶敌人的**战象**，因为大象害怕猪的尖叫声。

1953年，美国艺术家罗伯特·劳森伯格（Robert Rauschenberg）抹掉了著名画家威廉·德·库宁（Willem de Kooning）的珍贵作品，然后把变成空白的“画作”挂在了**博物馆**里。

1980年，苏格兰专为尼斯湖水怪开设了一**博物馆**。据说，尼斯湖怪是生活在尼斯湖中的种神秘未知的**生物**。

冯如是20世纪初的一名**飞行**家。他是中国制造飞机的第一人，制造出了**中国**载人动力航空史上第一架飞机“冯如一号”。

早在2000多年前，**中国**就发明了指南**车**。车上设有一个始终指向南方的木人。

历史上身价最高的运动员可能是古罗马的一位战**车**驾驭者。据说，他的身价甚至可能超过了今天的1000亿元人民币。

条条大路通……

直到1803年，人们在一个小镇见证了3000多块**陨石**从天而降，许多**科学家**才开始相信陨石是来自太空的。

根据古罗马历史学家普鲁塔克（Plutarch）的说法，在公元前1世纪的一场**战**争中，一块**陨石**的坠落让交战双方握手言和。

自**科学家**旺加里·马塔伊（Wangari Maathai）在1977年发起绿带运动后，肯尼亚已经种植了超过5100万棵**树**。

相传苏里南有一种神秘**生物**叫阿瑟玛（Asema），据说它是一只可以脱掉皮肤的变形**吸血鬼**。

在流传了几个世纪的日本民间传说中，树木子是一种吸食人血的**吸血鬼树**。

一些古罗马人使用醋和
发臭的水蛭
的混合物来染头发。
该理发了

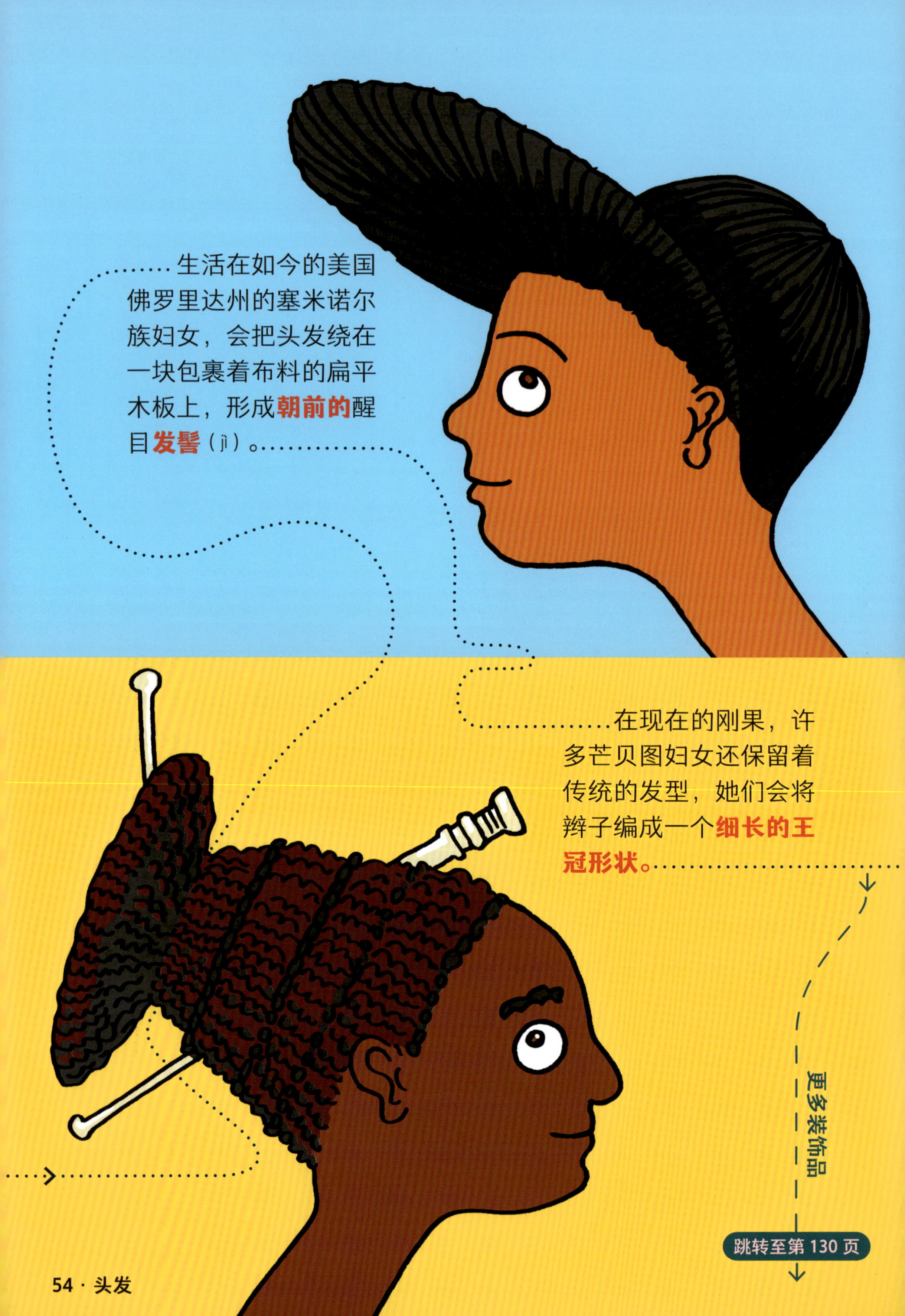
生活在如今的美国佛罗里达州的塞米诺尔族妇女，会把头发绕在一块包裹着布料的扁平木板上，形成**朝前的**醒目**发髻**（jì）。
在现在的刚果，许多芒贝图妇女还保留着传统的发型，她们会将辫子编成一个**细长的王冠形状。**
更多装饰品
跳转至第 130 页

……考古学的研究内容还包括人类的头发，比如历史上人们的**发型**。……

……日本武士曾经普遍留着一种叫“丁髷（qū）”的发型，这种发型可以帮助他们固定所戴的**精致头盔**。……

更多武士

……在维多利亚时代，生活在欧洲和美国的一些人会佩戴由人类头发制成的各种**首饰**。……

日本武士阶层形成于12世纪晚期。武士遵守封建道德准则，腰间佩刀，他们是封建统治者的忠实奴仆。

……还有**女武士**，她们

也会参与战斗。……

做好防守

跳转至第 118 页

……17 世纪在印度出现的“虎爪”是一种钢铁武器，它的外形与**老虎爪子**极为相似。……

前往印度探险

……回旋镖作为狩猎武器已有大约两万年的历史，但它们并不是全都被设计成可以飞回的形式。一些澳大利亚土著人会使用**可以飞回的回旋镖**来捕猎鸟类。……

……据 18 世纪晚期统治新西兰的毛利酋长说，他最**珍贵的武器**是一根完全由玉制成的棍棒，这根棍棒可以通过颜色的变化揭示未来。……

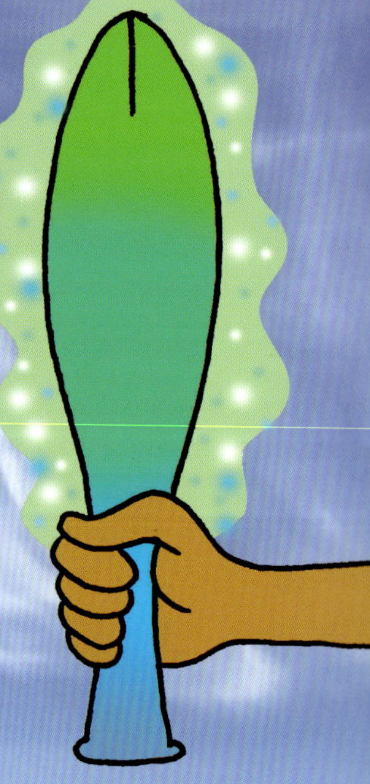

……古代吊索发射出的石头，

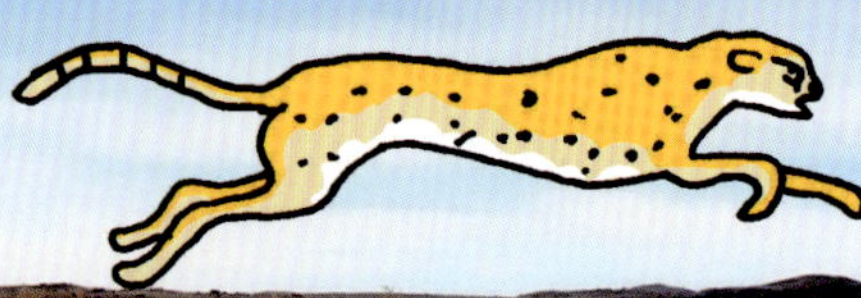

北美洲特林吉特人传统的**匕首和棍棒**上，通常会有复杂的动物雕刻，比如熊、鸟和狼。

激发你的创造力

其飞行速度比猎豹的奔跑速度还要快。

1925年，世界著名艺术家**弗里达·卡罗**（Frida Kahlo）在墨西哥遭遇了一场严重的车祸，之后卧床不起，从此真正开始了她的绘画生涯。

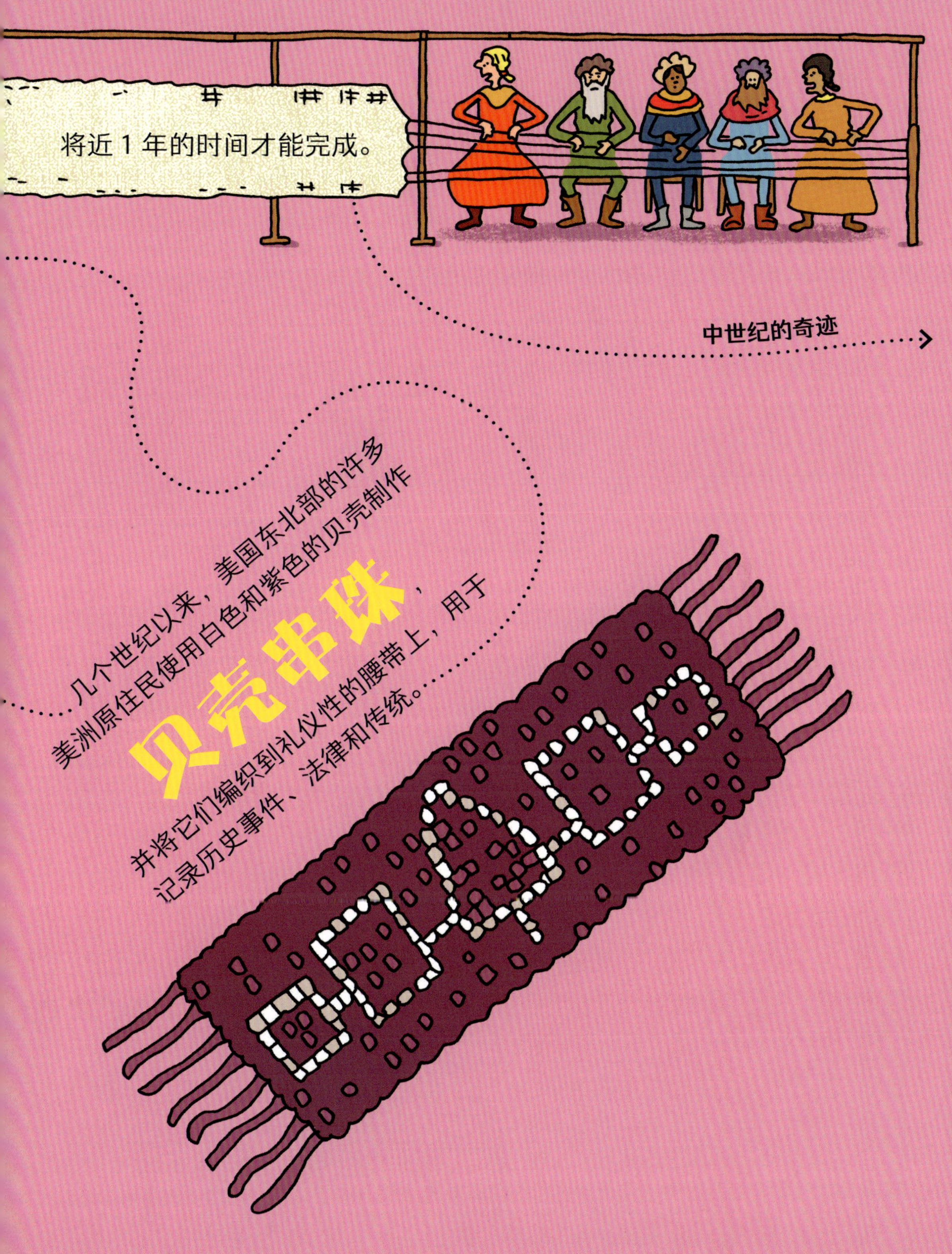

将近 1 年的时间才能完成。
中世纪的奇迹
几个世纪以来，美国东北部的许多美洲原住民使用白色和紫色的贝壳制作
贝壳串珠，
并将它们编织到礼仪性的腰带上，用于记录历史事件、法律和传统。

欧洲中世纪的手稿中有很多**奇异的插图**，比如攻击骑士的蜗牛、演奏乐器的动物、行走的鱼，以及放屁的动物。

在中世纪的欧洲，人们允许狗**在宴会厅漫步**——它们可以清理掉地板上的食物残渣。

从中世纪到19世纪末，撒哈拉以南非洲部分地区的士兵和战马通常会身着**色彩鲜艳**的布甲。

去看看与狗相关的内容
跳转至第 28 页

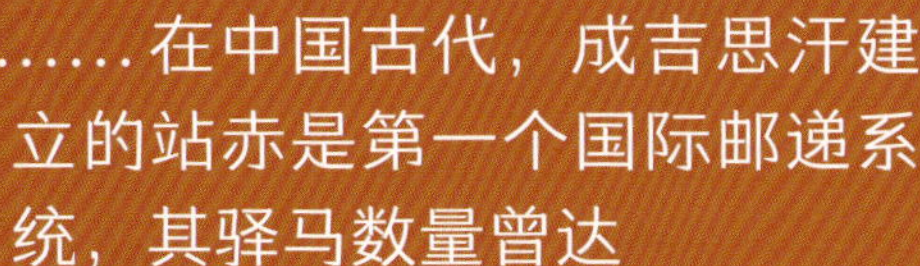

在中国古代，成吉思汗建立的站赤是第一个国际邮递系统，其驿马数量曾达

45000匹。

不一样的统治者 ›

在中世纪的欧洲，女性经常会**刮掉前额的头发**，让额头看起来更大。

英国女王伊丽莎白一世
称自己
每个月洗一次澡。
……在成为女王之前，克莱奥帕特拉七世（Cleopatra VII）曾被放逐出埃及。不过据说，她后来被卷在地毯里，偷偷回到了自己的宫殿。

可怕的吸血鬼形象

德古拉（Dracula）

的原型可能来自现实生活中的弗拉德·采佩什（Vlad Țepeș）。他是15世纪瓦拉几亚（位于今罗马尼亚境内）的大公。

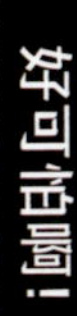

19 世纪末 20 世纪初，南非有报道称发现了一种**神秘怪兽**——它们拥有大象的头和巨大的蛇身，生活在很深的洞穴中。

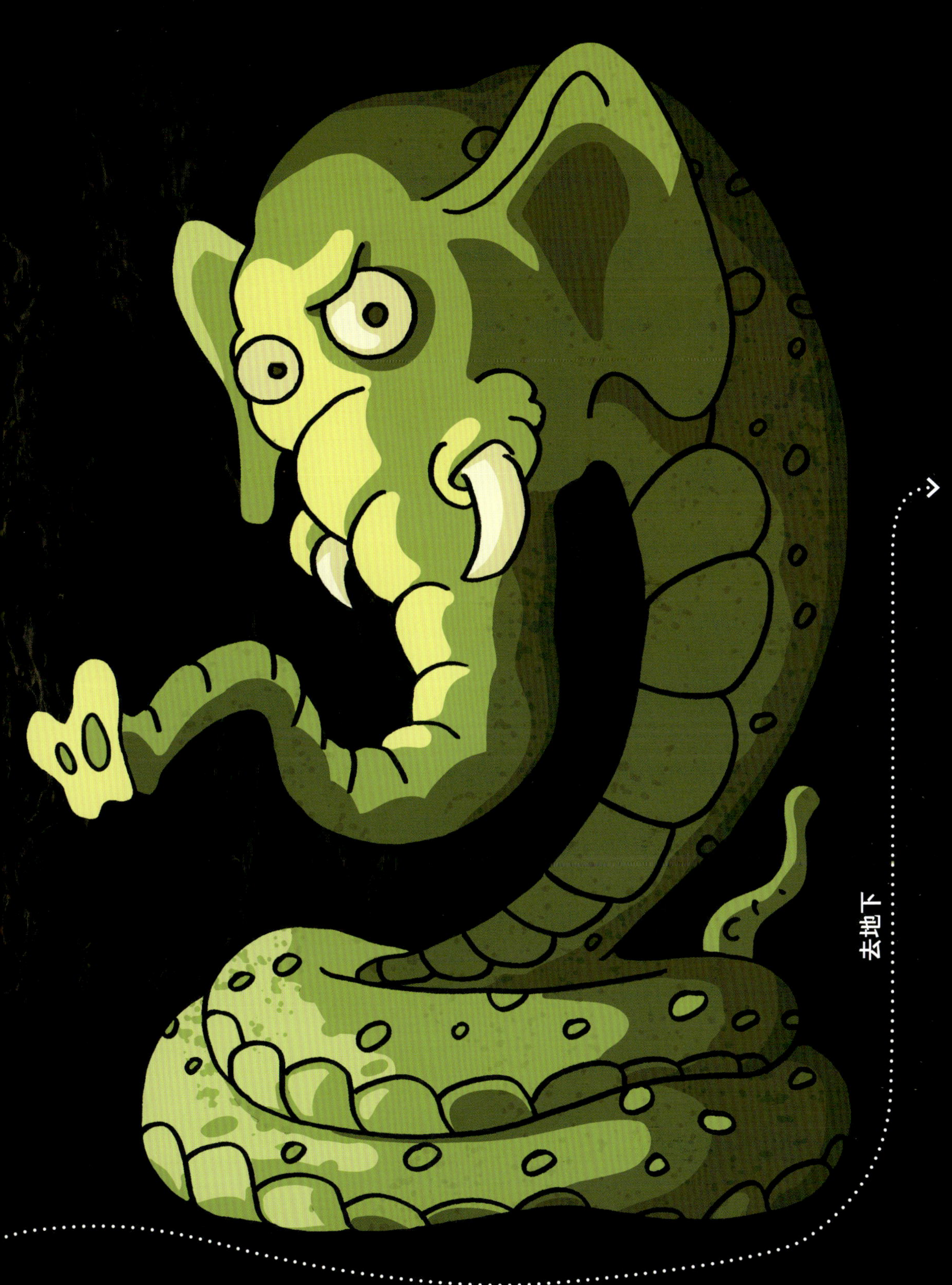

去地下

科学家在墨西哥奇琴伊察的库库尔坎金字塔下发现了一个满是玛雅宝藏的洞穴。据说当时洞口有一条毒蛇，就像在守卫宝藏一样。

1920年，一位俄罗斯**科学家**发明了特雷门琴。它是一种不需要人接触，仅利用电波就能发出声音的**乐器**。

20世纪初，美国的**街头商贩**为了争夺领地和**玉米粉蒸肉**的销售权展开了激烈的斗争。

古老的阿兹特克**玉米粉蒸肉**的**配方**含有墨西哥钝口螈。

有一款香水是按照500多年前为法国王后凯瑟琳·德·美第奇（Catherine de' Medici）设计的**配方**制成的。这款香水目前仍在意大利佛罗伦萨最初制作它的**商店**中出售。

有数百年历史的科拉琴是一种来自西非的**乐器**。它有21根弦，演奏的**声音**听起来像竖琴或吉他发出的声音。

1815年，印度尼西亚坦博拉**火山喷发**时发出的**声音**在1900多千米之外都能听到。

公元79年，一场**火山喷发**摧毁了古罗马城市庞贝。考古学家后来在城中**街头商贩**的摊位遗迹中发现了当时的食物痕迹。

沙尘暴来啦！

爱尔兰一家**商店**的地板使用了透明的有机玻璃，购物者可以看到埋藏在地板下面的11世纪维京人的**遗址**。

有的考古学家认为，位于阿曼的一处古代**遗址**可能就是乌巴尔城——一个被沙漠吞没的城市。直到现在，人们还认为它可能只存在于传说中。

20 世纪 90 年代，考古学家在撒哈拉沙漠发现了一个满是**恐龙化石**的遗址。然而，早在几个世纪之前，生活在这里的图阿雷格人就已经发现了这个遗址。

跳转至第 98 页

骆驼的驼峰里储存的并不是水，而是脂肪。这些脂肪提供了能量，使它们在穿越沙漠时可以几周都不用进食。

从沙漠到雪地

1953 年，挪威建立了一所
学校，用来教授萨米人
放牧驯鹿。
1914 年，第一次世界大战期间，
英国和德国军队在圣诞节自发
休战——他们竖起了圣诞树，
在雪地中踢了一场球赛。

1934 年，好莱坞发明了第一台**人工造雪机**。
在阳光充足的温暖的美国加利福尼亚州拍摄电影时，
人们利用人工造雪机打造了更逼真的冬日场景。

2000 多年前的古印度文献中描述了一种用意念控制、可以隐形的**飞行器**。

人类有史以来的第一张**自拍**照片是在 1839 年用一台早期相机拍摄的。

跳转至第 5 页

在近 3000 年的时间里，亚洲和欧洲的军队都使用**攻城塔**来攻击城堡。这种高耸的机器可以容纳数百名士兵，并把他们运送到城墙之上。

跳转至第 152 页
小猫在这里
苏格兰的爱丁堡城堡建在一座**死火山**上面。
在阿尔及利亚，建于 16 世纪的 3 座独立的
法西尔盖比城堡由埃塞俄比亚统治者于 17 世纪建成，供他及其家人、仆人以及**宠物狮**居住。

城堡实际上都通过**秘密的地下通道**相互连接。

日本松本城内部有一个**隐藏楼层**，武士在那里可以安全地休息而不会受到攻击。

土耳其一个**湖的底部**，沉睡着一座拥有大约 3000 年历史的城堡。

潜入水下

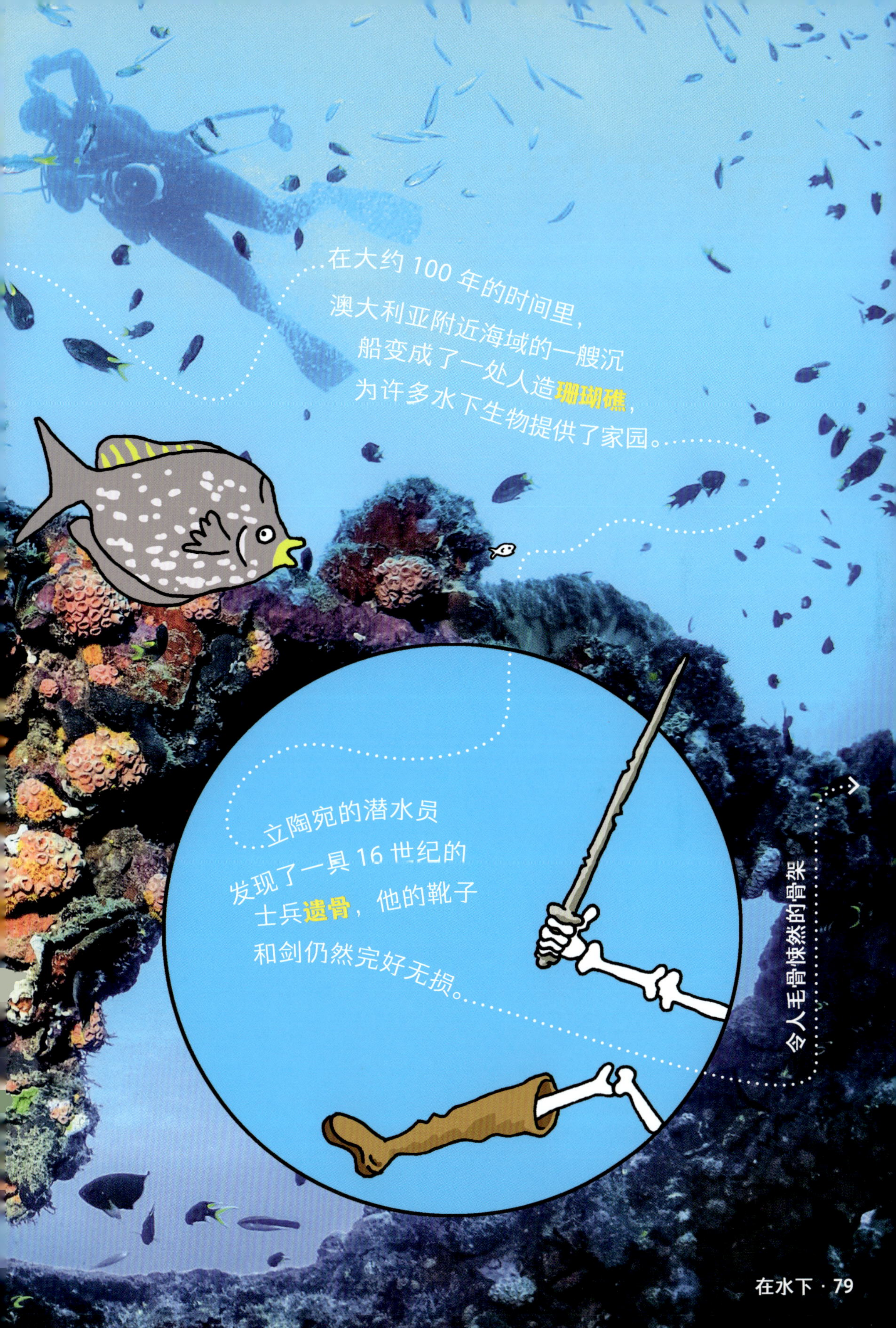
在大约 100 年的时间里，
澳大利亚附近海域的一艘沉
船变成了一处人造珊瑚礁，
为许多水下生物提供了家园。
立陶宛的潜水员
发现了一具 16 世纪的
士兵遗骨，他的靴子
和剑仍然完好无损。
令人毛骨悚然的骨架

……1578 年，工人们在罗马的

地下墓穴

中发现了一些神秘的骷髅。据说这是失踪天主教徒的遗骨。后来，这些骷髅穿戴上了黄金、宝石和精美的织物，被送往欧洲各地的教堂。……

多么耀眼

14 世纪，当黑死病袭击欧洲时，有些人相信吃**一勺碾碎的祖母绿粉**可以治愈这种疾病。

古代玛雅人会在牙齿上**钻洞**，然后嵌入珍贵的宝石。
咀嚼一下

从古代马达加斯加到古代越南，从都铎（duó）王朝时期的英国到中世纪的日本，世界各地的人们经常**把牙齿涂黑**——这在当时是一种化妆风尚。

去了解一下维京人
维京人有时会用锉刀在牙齿上**刻下深深的纹路**，甚至还会给这些纹路涂上颜色。

维京人可能会一边滑雪一边狩猎。

跳转至第 192 页

去做游戏吧！

……科学家认为，维京传说中被称为“盾女”的传奇**女战士**，其形象可能源自现实生活中的女战士。……

精悍善战

……维京人经常用一种

在尿液里煮过

的菌类来生火。……

大约 2500 年前，波斯帝国有一支军队被称为“长生军”——军队的人数一直都是 **10000 人**。如果有士兵阵亡，新的士兵会立即补充以保证人数。

备受尊敬的蒙古**公主**忽图伦既是一位**战士**，也是一位常胜摔跤冠军。

雄鹰战士是所有阿兹特克士兵中最精锐的。他们穿着**羽毛盔甲**，戴着鹰头形状的头盔。

令人惊叹的盔甲
跳转至第 10 页

古希腊神话中的**亚马孙女战士**形象可能源自斯基泰（在今天的中亚和东欧地区）女战士。

“哥特”一词来源于日耳曼民族的一支——**西哥特人**。410 年，他们的战士攻占了罗马。

跳转至第 180 页

失落的宝藏

……传说加拿大新斯科舍省的橡树岛上埋藏着 200 多年前的**巨大宝藏**，不过，据说只要有人离宝藏太近，他就会被洪水淹没。

……相传，中国的文字是在几千年前由一个叫仓颉的人发明的。据说他有**四只眼睛**。他通过观察鸟兽足迹得到启发，创造了文字。

根据传说，12 世纪英国的玛蒂尔达（Matilda）皇后曾被困在牛津城堡，后来在夜半历史学家认为“黄金白城”（一座由**闪闪发光的白色石头**建造的中美洲城市）是虚构的。但近年考古学家在洪都拉斯发现了一座被废弃的城市，它可能就是人们创作这个传说的灵感来源。

感觉迷失了吗？

在波兰传说中，克拉科夫有一条危害城市的恶龙。人们在一张羊皮中塞满焦油和硫黄，将其伪装成羊，恶**龙**在吃掉这只“羊”之后**被炸死**了。

时分，她**滑过了结冰的泰晤士河**，成功逃脱。

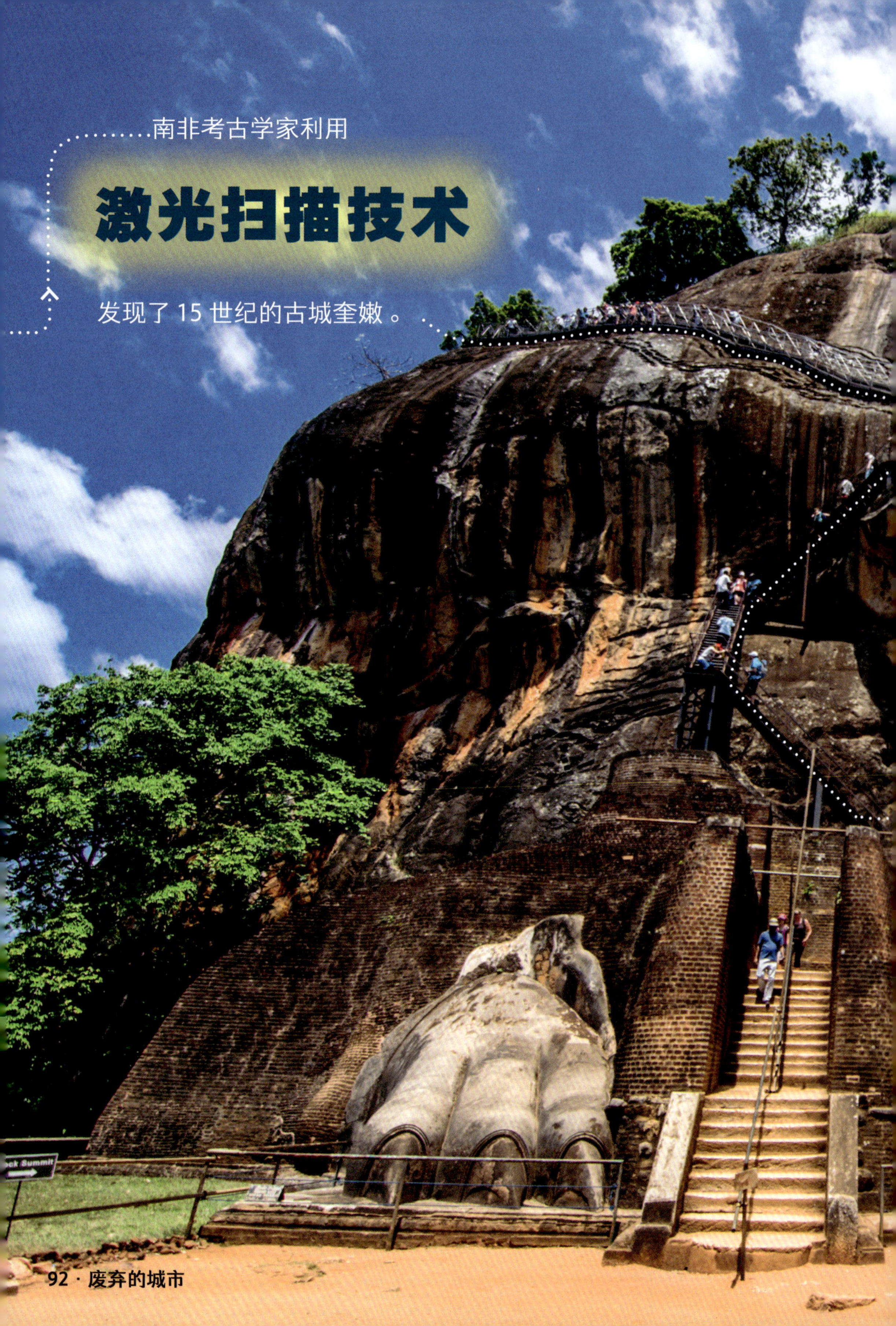

南非考古学家利用

激光扫描技术

发现了 15 世纪的古城奎嫩。

锡吉里耶建在**悬崖之上**，是斯里兰卡一座被废弃的古城，其入口在巨大的狮爪雕塑之间的楼梯上方。
亚特兰蒂斯是传说中大西洋上的一个**岛屿**，据说它在地震中沉没了。有些人认为，这个传说的灵感可能来自古希腊失落城市帕夫洛彼特里的现实命运。
水里有什么？

古埃及有一项水上格斗**运动**，参与者会手持长矛站在船上，并试图用长矛将对手击入水中。

大约 3000 年前，米诺斯人的一项**运动**需要参与者迎着公**牛角**冲上去，然后翻身跳过牛背。

美国独立战争期间，士兵们使用专门**雕刻**的**牛角**来装火药。

沙特阿拉伯的麦加**大清真寺**是世界上最大的清真寺之一。这座清真寺可以容纳超过80万人。

马里的杰内**大清真寺**建于 1907 年，是地球上最大的**泥**制建筑。

考古学家发现了一个**泥**“茧”，里面有一具古埃及**木乃伊**。

从 16 世纪到 20 世纪中期，许多艺术家使用一种由碾碎的**木乃伊**制成的颜料来绘制**艺术作品**。

在第二次世界大战期间，一群被称为“古迹卫士”的**士兵**拯救了众多珍贵的**艺术作品**。

考古学家发现了一根冰河时期的猛犸象象牙，它被**雕刻**成两只正在**游泳**的驯鹿的形状。

20世纪20年代，为了让**游泳**变得更容易，一个美国人发明了**木制**泳衣。

在维多利亚时代，一些**木制**摇**马**的腹部会有一个隐秘的隔层，用来收藏珍贵的物品。

公元100年左右，古代纳巴泰人在**沙特阿拉伯**沙漠的巨石上雕刻出了一整座城市，其中还包括巨大的**坟墓**。

3000多年前，一匹被精心装扮的死**马**在举行了隆重的葬礼之后，被安葬在它自己的**坟墓**里。

在第一次世界大战期间，法国、英国和德国的**士兵**有时会把自己**伪装**成树来监视敌人。

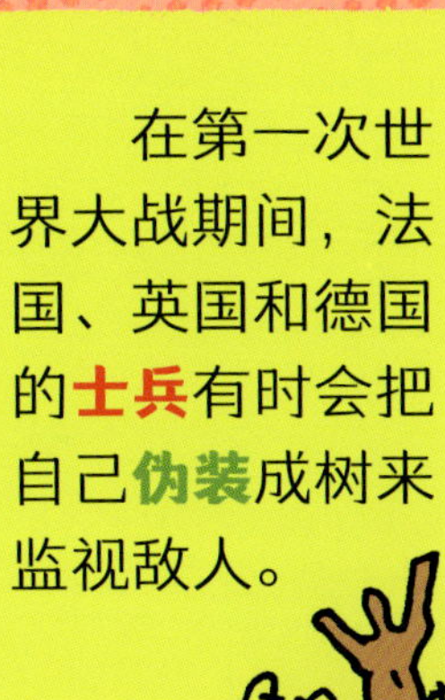

1766年，法国探险家让娜·巴雷（Jeanne Baret）**伪装**成男性，成为第一位环球航行的女性。

勇敢地

探险

肖松尼族探险家萨卡加维亚（Sacagawea）帮助一支美国探险队成功穿越了 8000 多千米的**荒野**，一路上她还背着自己的孩子。

1405 年，中国探险家郑和率领一支由 27000 多人和 200 多艘船只组成的船队远洋航行。船队包含不同类型的船只，有**宝船**、**粮船**、**座船**等。

毛利人——相信其祖先为新西兰的波利尼西亚人——可能是1300多年前第一次**发现南极洲**的人。

1991 年，阿根廷的地质学家在南极洲的冰层下发现了**恐龙化石**。

一张由 16 世纪奥斯曼人绘制的地图展示了没有任何冰雪覆盖的**南极洲**——这可能是 6000 多年前这块大陆的样子。

把它画出来

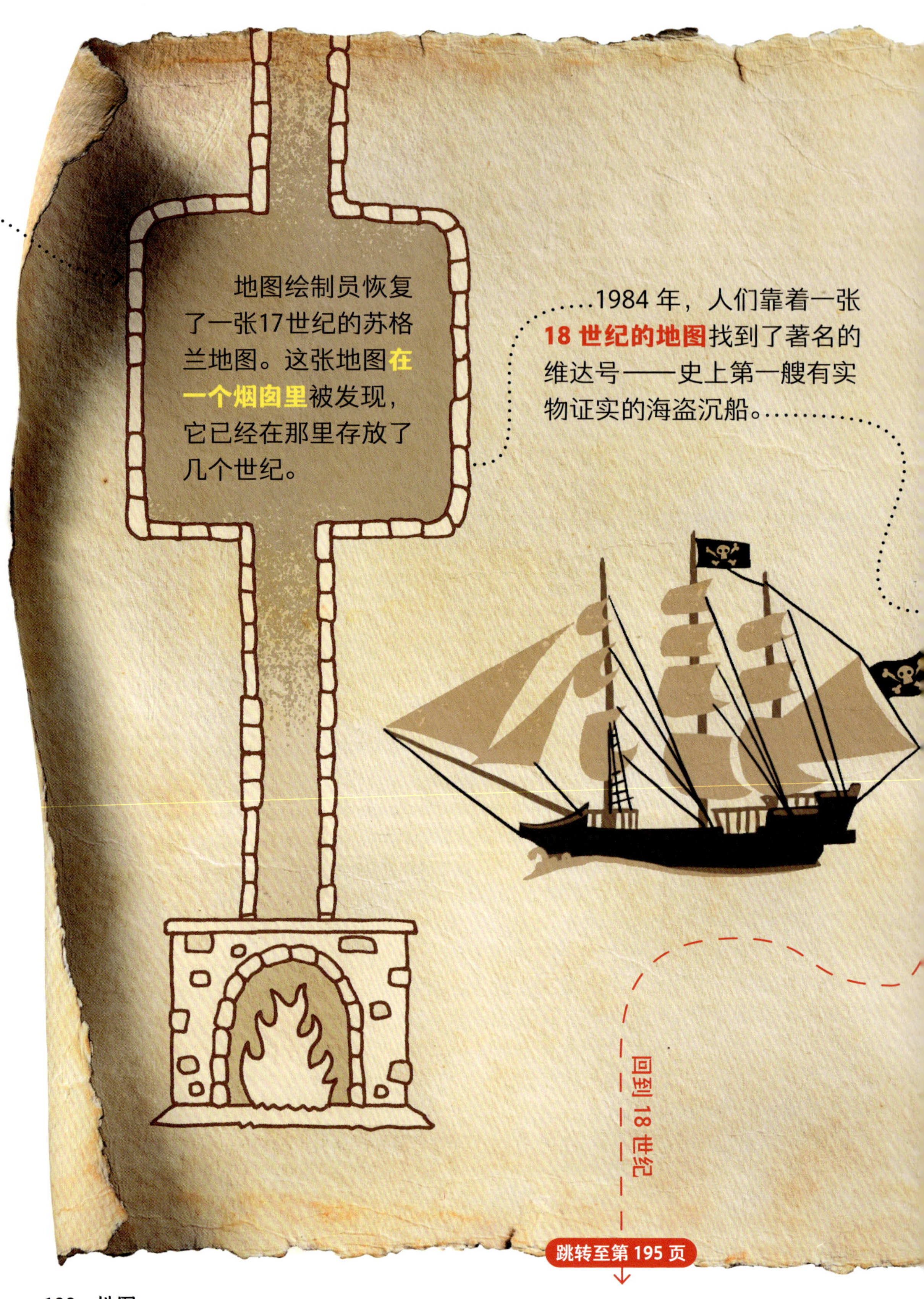
地图绘制员恢复了一张17世纪的苏格兰地图。这张地图**在一个烟囱里**被发现，它已经在那里存放了几个世纪。
...1984 年，人们靠着一张**18 世纪的地图**找到了著名的维达号——史上第一艘有实物证实的海盗沉船。...
回到 18 世纪

跳转至第 195 页

去往美索不达米亚

已知的最古老的世界地图是巴比伦地图，它被**雕刻在泥板上**，描绘的是2600多年前的美索不达米亚。

20世纪40年代末，玛丽·撒普（Marie Tharp）成为纽约市哥伦比亚大学最早聘用的女性之一，负责地图绘制。不过，由于当时女性社会地位不高，她只能作为助理进行工作。然而，她绘制出了世界上第一张详细的**海底**地图。

几百年来，生活在太平洋岛屿上的水手们创造了木枝航海图。这些地图是用**木棍和贝壳**制成的，能够帮助水手在海洋中航行。

3000 多年前，美索不达米亚人创造了**时间概念**，其中包括 1 分钟等于 60 秒和 1 小时等于 60 分钟。

在美索不达米亚的神话中，蝎人（Girtablilu）是半人半蝎子的

可怕生物

你相信神话吗？

在起源于西非的阿坎人的民间传说中，阿南西（Ananse）是一个以蜘蛛形象出现的**神灵**，充满智慧却**喜欢恶作剧**。

生活在现在的墨西哥中部和南部的阿兹特克人非常崇拜羽蛇神（Quetzalcoatl）。据说，这位神是一条**巨大的长着羽毛的蛇**。

在北欧神话中，女神弗蕾娅（Freyja）的**战车**是由两只大猫拉动的。

跳转至第 184 页

了不起的交通方式

古埃及王后会佩戴**秃鹫形状的王冠**，以表示对守护神奈赫贝特（Nekhbet）的尊敬。

打扮一下

在北美洲因纽特人的民间传说中，瓜鲁帕利克（Qallupilluit）是一种生活在冰面之下的**海洋生物**。只要有人靠近冰面，它们就会伺机将人抓住。

大约从16世纪开始，东南亚开始流行用
甲虫鞘（qiào）翅
装饰礼服、衬衫、鞋子和珠宝。
厉害的小虫子

一位古罗马作家建议使用**煮沸的毒蛇汤**驱除身上的虱子。

据说，为了抵御不断靠近的罗马军队，保卫自己的城市，一位古代国王命令士兵向敌人投去装满**致命蝎子**的陶罐。

1812年，法国皇帝拿破仑试图入侵俄罗斯，但他的计划因士兵大量感染

体虱（shī）病

而落空。

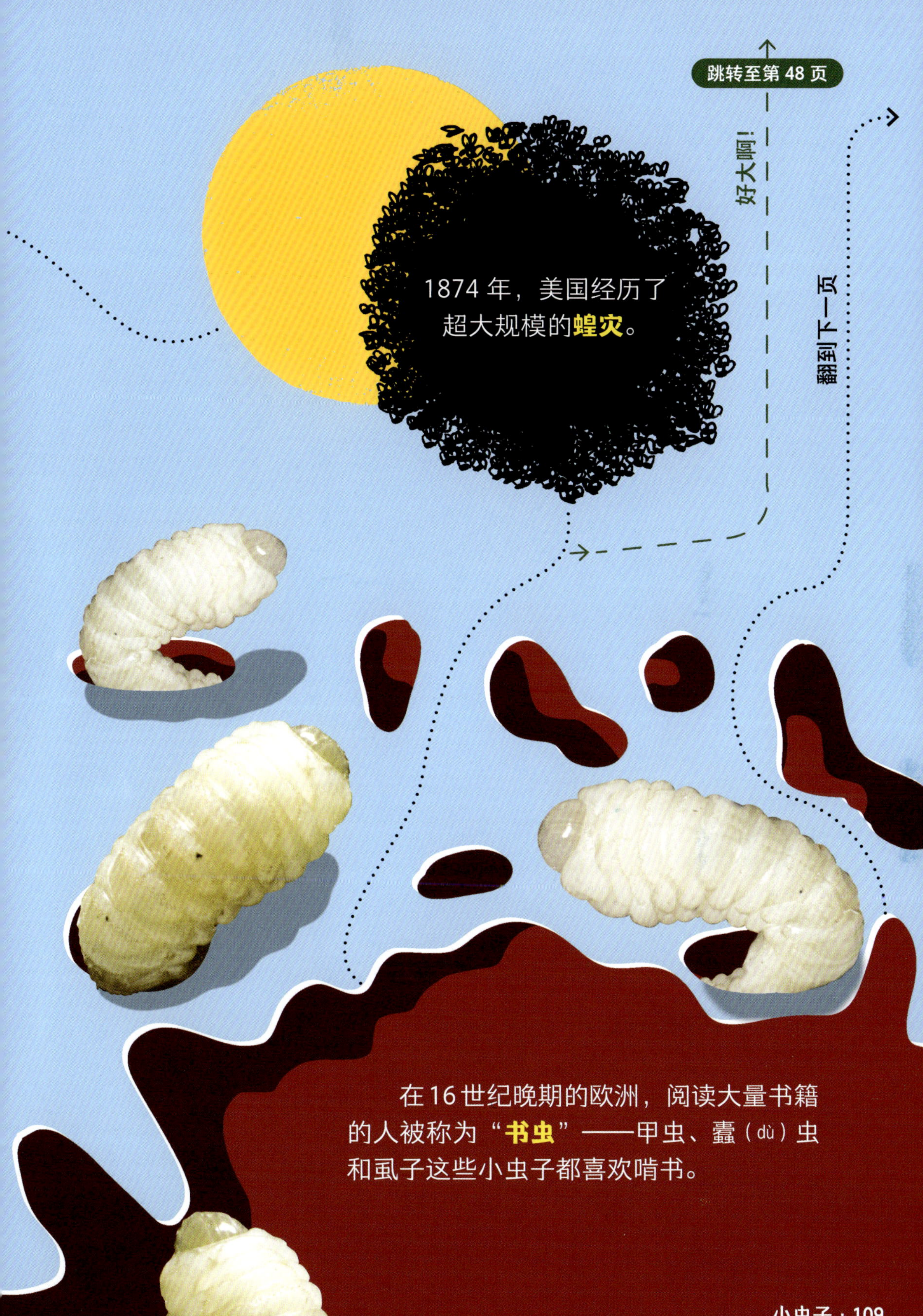

跳转至第 48 页

在 16 世纪晚期的欧洲，阅读大量书籍的人被称为“**书虫**”——甲虫、蠹（dù）虫和虱子这些小虫子都喜欢啃书。

跳转至第 83 页
更多绚丽的宝石

一本 9 世纪的德国制作的图书使用黄金制作封面，并用**珍贵的宝石**进行了装饰。

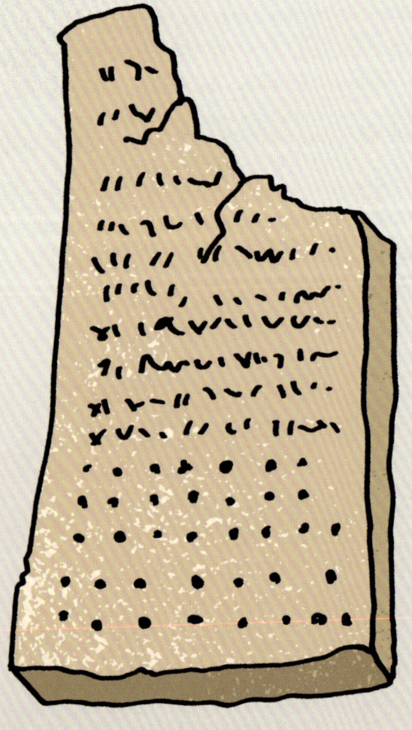

已知的世界上**最古老的图书馆**位于今天的伊拉克，它在公元前 612 年的一场大火中被烧毁。幸运的是，其中的 30000 多册藏书被保存了下来——这些书籍被刻写在黏土板上。

《百万塔陀罗尼经》在世界上享有盛誉。据了解，它们是8世纪时由日本天皇下令为寺庙印制的。这些**佛教经卷**中每一卷的高度约为6厘米，它们被存放在100万个小木塔的塔基中。

考古学家正尝试利用激光阅读近2000年前被火山掩埋的**古罗马卷轴**上的文字。这些卷轴过于脆弱，以至于无法展开阅读。

2012年，马里共和国古城廷巴克图被入侵。一名图书管理员设法拯救了377000份珍贵的历史**手稿**，并将它们运送到900多千米外的安全地带。

壮观的马里帝国 >

跳转至第 146 页

跟着领导者走

……迪士尼电影《**狮子王**》很可能是受到了松迪亚塔·凯塔（Sundiata Keita）的启发。松迪亚塔大约在1240 年打败了他奸诈的叔叔，建立了马里帝国。……

……历史学家认为，14 世纪早期马里帝国的统治者曼萨·穆萨（Mansa Musa）是有史以来**最富有的人**。……

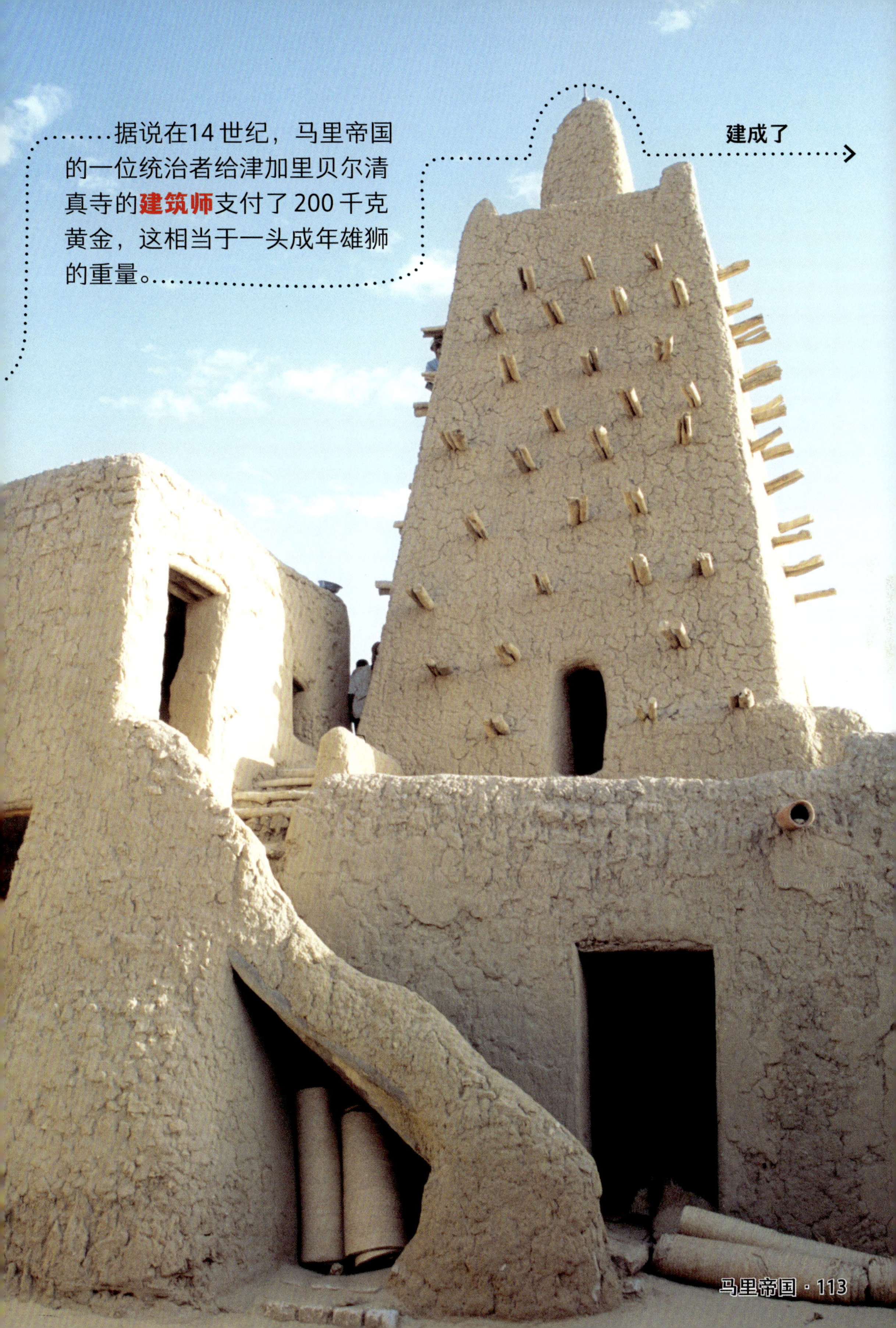

据说在14 世纪，马里帝国的一位统治者给津加里贝尔清真寺的**建筑师**支付了 200 千克黄金，这相当于一头成年雄狮的重量。

建成了

缅甸的仰光大金塔大约建于
2600 年前，塔身表面完全
由金箔覆盖，顶部镶嵌
了 7000 多颗**宝石**。
去寻找黄金
哥伦比亚的拉哈斯教堂
建于 1916 年，它是一座横
跨陡峭峡谷的城堡式**教堂**。
它是为纪念此前一个多世纪
发生在这里的奇迹而建造的。
大约从 1150 年至 1300 年，
生活在今天美国西南部的许多
古普韦布洛人会直接在**悬崖峭壁**
上建造房屋，其中一处拥有
多达 150 个房间。
跳转至第 42 页

荷兰鹿特丹的**立体方块屋**建造于20世纪70年代和80年代，它由混凝土柱子上多个成45度角倾斜的立方体组成。

非洲努比亚沙漠中的纳布塔普拉雅**石阵**已有超过7000年的历史。该石阵可能是地球上第一个用来研究天空的建筑。

向上看

几个世纪以来，生活在北美洲和格陵兰岛的因纽特人一直在讲述有关**北极光**的形成的故事。其中一种说法认为，北极光的形成是由于死者的灵魂在做一种球类游戏，在这种游戏中，他们将海象的头骨当作球。

到 12 世纪晚期，一种叫作**星盘**的仪器趋于完善，它可用于计算时间，还可用于计算太阳和其他恒星的位置。

直到 16 世纪，欧洲的许多**医生**都还认为可以根据恒星和行星在天空中的位置来治愈疾病。

其他疗法

跳转至第 158 页

中国古代天文学家受命负责预测**日食**。当时，人们认为日食是由天狗吃掉太阳引起的。

印度之旅

把**午夜**作为一天的开始，最初可能源自印度天文学家阿耶波多（Aryabhata）的想法，他出生于公元 476 年。

历史学家认为，4 世纪至 6 世纪的印度笈（jí）多王朝第一次将“**0**”作为一个单独的数字对待，使其在数字系统中拥有了自己的位置。

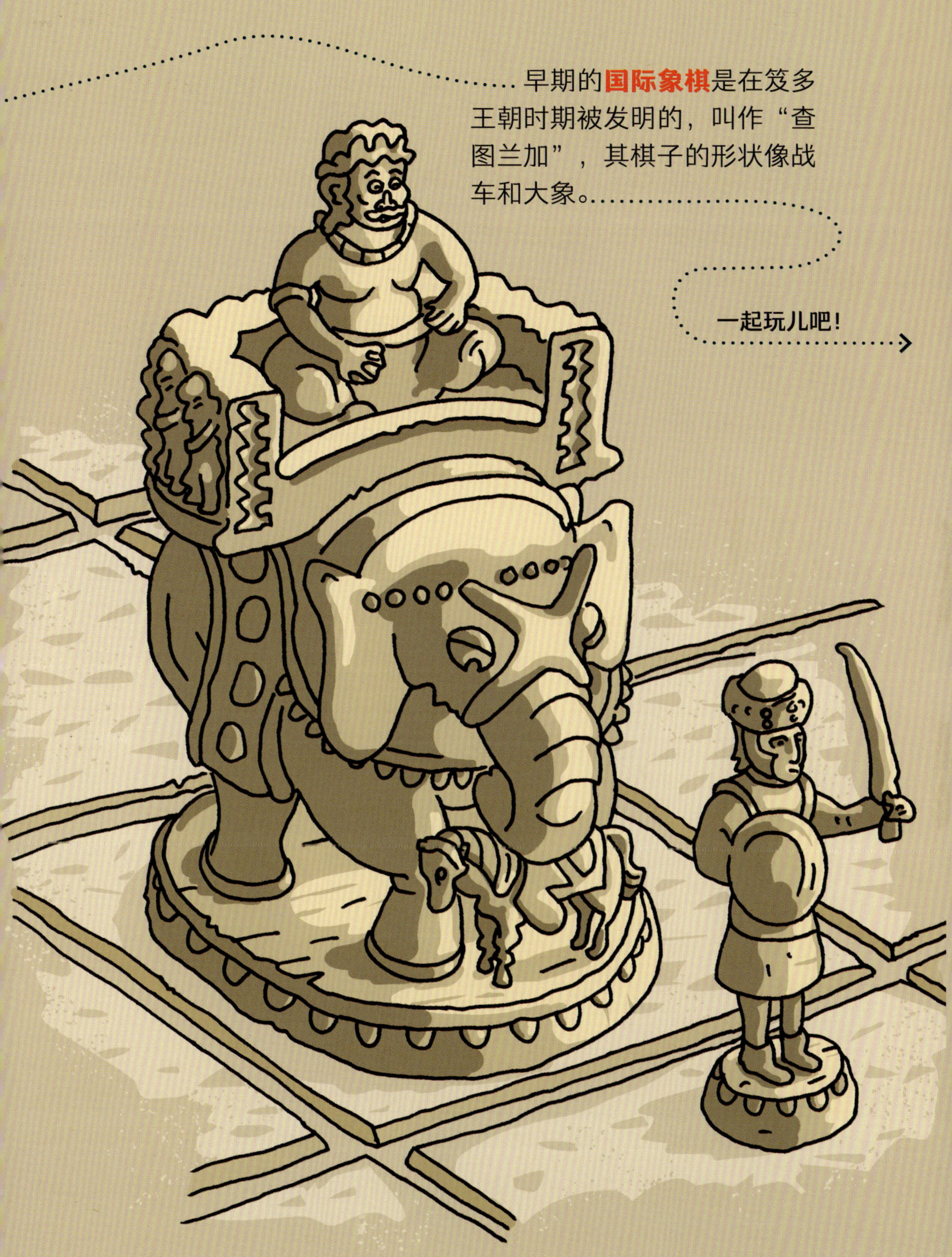
早期的国际象棋是在笈多王朝时期被发明的，叫作“查图兰加”，其棋子的形状像战车和大象。
一起玩儿吧！

围棋是世界上最古老的棋盘游戏之一。据说，早在4000多年前，**中国**就发明了这种游戏。

中国古代人可能使用动物脂肪和月奶石的混合物作为润肤霜来滋润**皮**肤。月奶石是一种多见于湖泊沉积和洞穴沉积的特殊物质。

有些古代文明认为**蛇**是不朽的，因为它们能够蜕**皮**。

1000 多年以来，**秘鲁**的印加人将一株株草编织成**桥**，用来帮助他们穿越陡峭的峡谷。

古埃及人相信猫**女神**玛弗德特（Mafdet）会保护他们免受**蛇**和蝎子的伤害。

在古希腊神话中，**女神**雅典娜（Athena）把一个女人变成了蜘蛛，因为这个女人**编织**的挂毯比她编的还要好。

直到19世纪，北美洲的萨利希人还一直使用一种**狗**的皮毛来**编织**毯子和衣服。这种狗现在已经灭绝了。

考古学家在**秘鲁**利马一个拥有千年历史的宠物墓中发现了40多具**狗**木乃伊。

法国有一座大约 900 年前建造的**城堡**。这座城堡实际上有看上去的两倍大——它几乎有一半都在地下。

去往地下

2021年，考古学家发现了一座中世纪木**桥**的遗迹。该遗迹可以追溯到13世纪，被认为是英国萨福克郡艾伊**城堡**的一部分。

相传 1900 年的某一天，一头**驴**在埃及亚历山大港不小心坠入洞中，从而使人们发现了古亚历山大人为埋葬死者而建造的地下墓穴。

13世纪，波兰工人在维利奇卡开采了一座**地下盐矿**。它共有 9 层，其中还有用盐雕刻的教堂和吊灯。

努沙巴德是伊朗的一座地下古城，由人工开凿而成。它有许多**隐藏的入口**，有的入口就藏在人们家中的壁炉后面。

更多建筑

跳转至第 114 页

考古学家在一个停车场下面发现了15世纪英格兰国王理查三世（Richard III）的

遗骨

多么重要的发现啊！

科学家在爱琴海发现了一艘古希腊沉船，其内装满了2400多年前的陶罐。在仔细收集了一些陶罐之后，他们发现这艘船可能装载了橄榄油和葡萄酒，这些是沙拉酱的制作原料和配料。

1799年，法国皇帝拿破仑的士兵发现了**罗塞塔石碑**，石碑上的文字帮助学者们破译了古埃及的象形文字。
你说什么？
跳转至第 134 页
安息吧！
2017年，历史学家发现了一具大约有2200年历史的凯尔特女性遗骨，她的**棺材**是用挖空的树干做成的。

印度著名的泰姬陵是
莫卧儿王朝的皇帝沙·贾汗（Shāh Jahān）为爱妻修建的**陵墓**。
这座陵墓在修建过程中使用了 1000 多头大象来运输建筑材料。

大仙陵古坟是
一座建于 5 世纪
的巨大**坟墓**，
形似一个钥匙孔，
周围环绕着护城河。
目前墓主人的身份还不明确，
日本宫内厅将其认定为
仁德天皇的长眠之地。

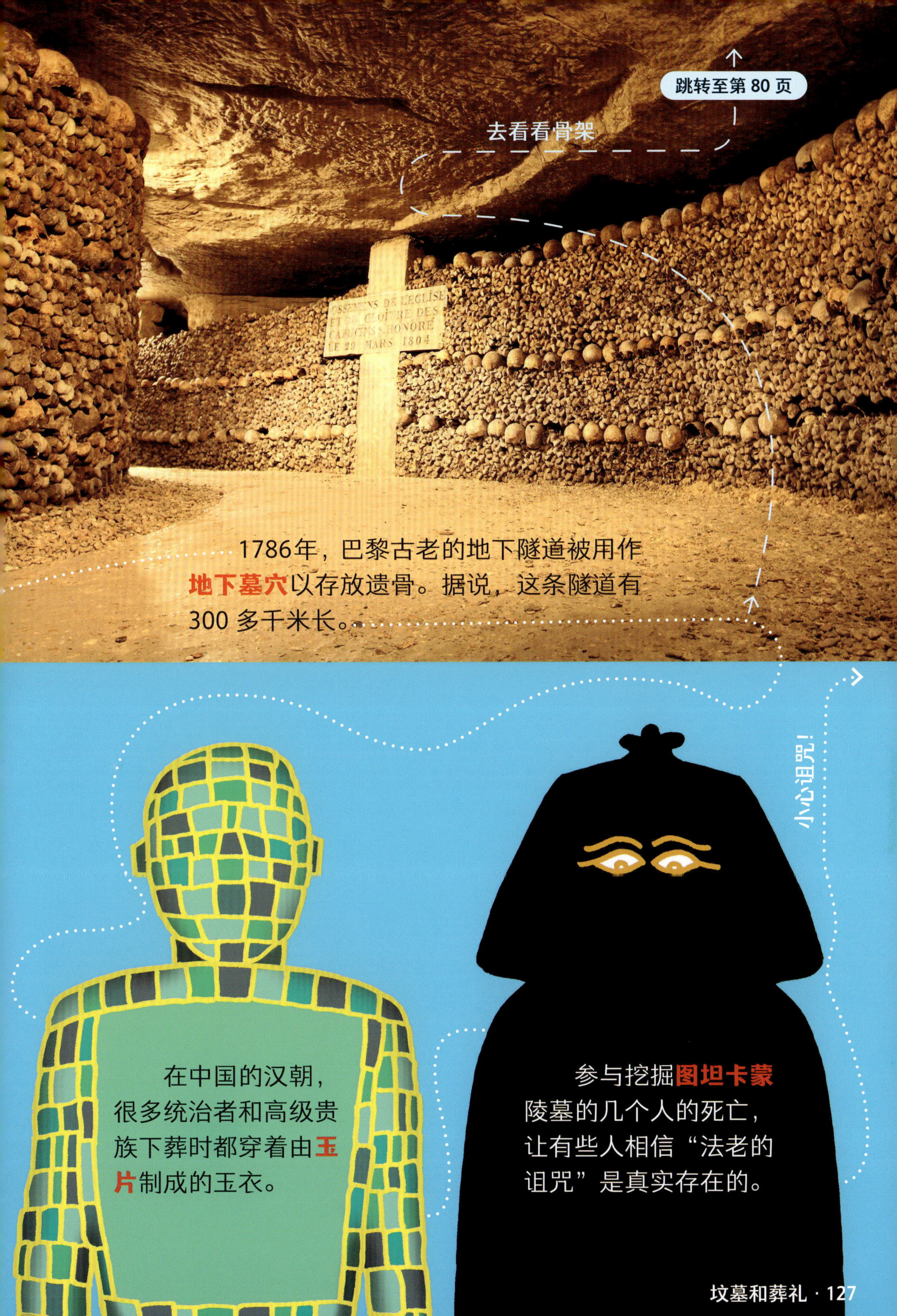

跳转至第 80 页
去看看骨架

1786年，巴黎古老的地下隧道被用作**地下墓穴**以存放遗骨。据说，这条隧道有300 多千米长。

在中国的汉朝，很多统治者和高级贵族下葬时都穿着由**玉片**制成的玉衣。

参与挖掘**图坦卡蒙**陵墓的几个人的死亡，让有些人相信“法老的诅咒”是真实存在的。

1912年，美国名媛伊芙琳·沃尔什·麦克莱恩（Evalyn Walsh McLean）买下了

希望蓝钻，

尽管她知道这颗钻石有会带来厄运的传闻。不仅如此，伊芙琳还会把镶嵌着这颗钻石的项链戴在她的大丹犬身上，或者展开寻宝游戏——假装钻石丢失，然后鼓励客人到她家中寻找。

如此美丽

跳转至第 54 页
去了解一下头发

长甲舞是一种来自泰国北部的古老舞蹈。在表演时，舞者会佩戴铜制的**手指饰物**，这些饰物看起来像又长又尖的指甲。

19 世纪晚期，欧洲和美洲的女性有时会用**萤火虫**装饰头发。

几个世纪以来，西非约鲁巴人的统治者一直佩戴精致的**串珠王冠**。据说这种王冠可以使臣民免受统治者脸上发射出的超自然力量的伤害。

介绍一下印加文明

……维多利亚时代的一些**发卡**是用一种叫赛璐珞（luò）的塑料制成的，这种塑料在高温条件下极易燃烧。

……地位高的印加人会佩戴沉重的**金耳环**，这样可以拉长耳垂，而长耳垂是贵族身份的象征。

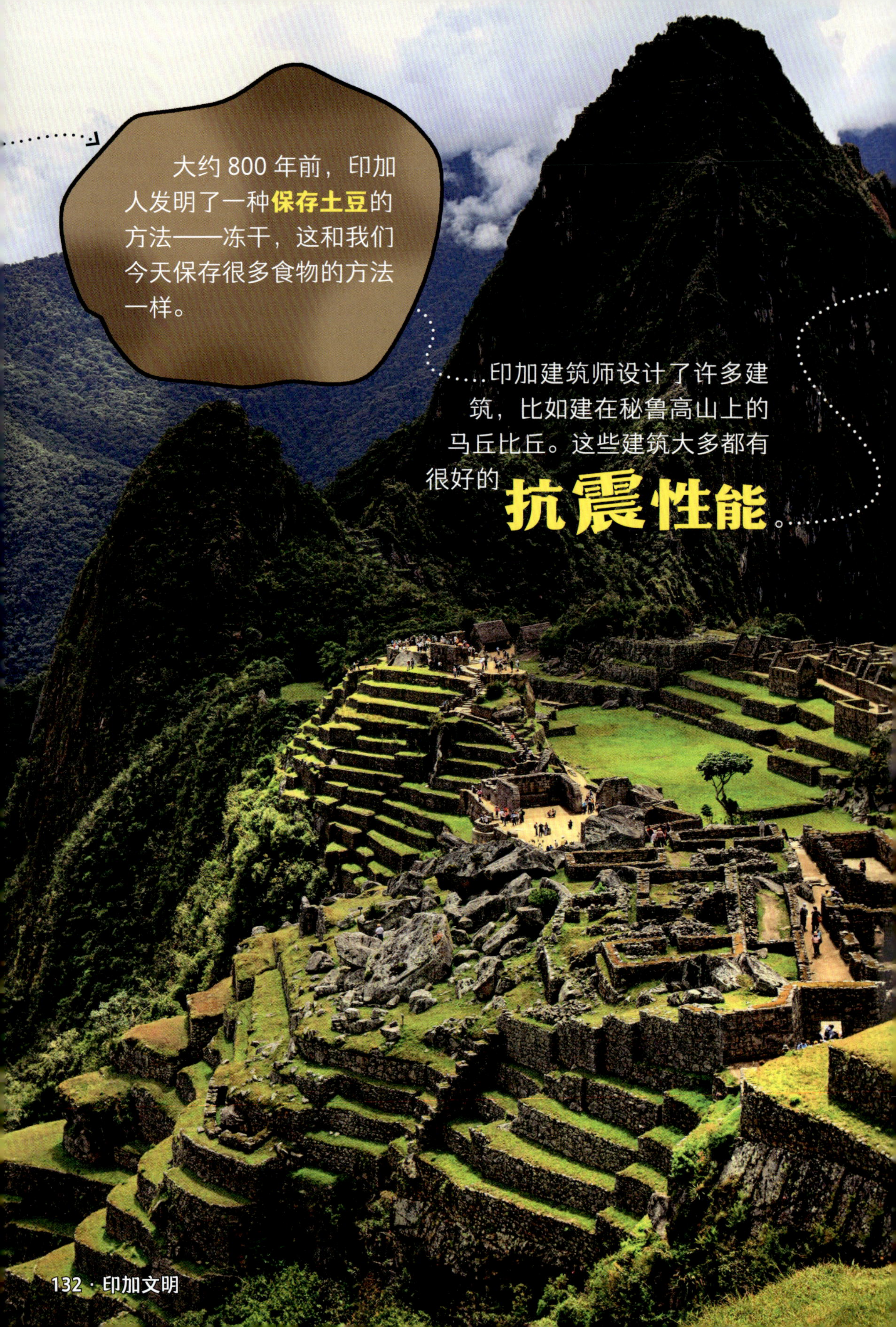
大约 800 年前，印加人发明了一种**保存土豆**的方法——冻干，这和我们今天保存很多食物的方法一样。
印加建筑师设计了许多建筑，比如建在秘鲁高山上的马丘比丘。这些建筑大多都有很好的**抗震性能**。

印加帝国的邮差被称为“查斯基”，他们利用**驿站系统**在人和人之间传递信息。通过这种方式，信息每天可以传播超过400千米。

请告诉我吧！

印加帝国最高统治者被称为“萨帕·印加”。他们当天穿的衣服，在第二天就会**被烧掉**。

印加人使用**绳结**系统来记录信息。打结的绳子被称为“魁普”。

已知的最古老的手语文献之一出自
2400 多年前的一位古希腊哲学家。

大约 1000 年以来，

敲一敲
西非的人们一直在使用**说话鼓**。这种鼓可以模拟人类的语言，并将信息传送到 32 千米之外。

据说，中国的安塞腰鼓是一种有2000多年历史的舞蹈，至今仍然被用来庆祝农历**新年**。

在罗马尼亚，至少从18世纪开始，伴随着**新年**的钟声，年轻的男子会在村庄中每家每户门前的台阶上跳舞，其中一个人会装扮成**山羊**的样子。

有一个流传了几个世纪的迷信说法：如果你吃完鸡**蛋***不把蛋壳打碎，女巫就会把蛋壳当船航行于海上，并给海上的**船只**带来危险。

*此处的“蛋”与上一条的“卵”在英语中均为 egg。

2000多年前，意大利西西里岛上的人建造了一艘巨轮。但**船只**的**长度**太长，以至于无法在岛上任何地方停靠，因此只好被送给了他人。

埃及最大的狮身人面像的**长度**超过73米，它的整个身躯是4500多年前用一块巨大的**石**头雕刻而成的。

几千年来，在亚洲和欧洲，人们将一种叫作青金**石**的准宝石研磨后制成罕见的蓝色**颜料**。

15世纪，印度人发明了一种黄色**颜料**，据说是用只吃杧果叶的**牛**的尿液制成的。

近3000年前的一幅艺术作品展示了一名亚述士兵用充气的**山羊**胃来帮助自己在**游泳**时浮在水面上。

游泳或乘船是前往菲律宾甘米银最古老**墓地**的两种方式。这座墓地在19世纪70年代的一次火山喷发后沉没了。

在一处古老的西伯利亚**墓地**，科学家发现人与狗和**狼**这些动物伙伴葬在一起。

根据传说，一只**狼**抚养了两个人类婴儿。他们长大后**建立**了罗马城。

1807年，一名热那亚水手在意大利撒丁岛沿岸的塔沃拉腊岛**建立**了塔沃拉腊王**国**。

相传在中国古代，一位楼兰公主把蚕**卵**藏在头饰里，从楼兰（今新疆罗布泊西北岸）带到了于阗（tián）**国**（今新疆和田地区）。从此，于阗国有了自产的丝绸。

1627年，体形庞大的原**牛**灭绝了。不过，**科学家**正在研究它的DNA，可能会使其复活。

启航

科学家认为，在克里斯托弗·哥伦布（Christopher Columbus）到达美洲近300年前，波利尼西亚人就在探索海洋时遇到过美洲原住民。

……中国古代有一种叫作“楼船”的战船。它像一座**漂浮的坚固城堡**，配有巨大的投石器。……
去往城堡
跳转至第 76 页

传说“飞翔的荷兰人号”是一艘**幽灵船**，它曾在南非好望角附近的水域漂荡，后来在那里沉没了。
好可怕啊！

已知的最古老的**鬼故事**写于 3000 多年前的古埃及。

几个世纪以来，很多参观伦敦塔的游客都声称看到了安妮·博林（Anne Boleyn）的鬼魂。她是被丈夫英王亨利八世（Henry VIII）**斩首**的英格兰王后。

从19世纪80年代到20世纪20年代，在澳大利亚的维多利亚州，成群的鬼魂恶作剧者用床单装扮成**幽灵**吓唬路人。

去澳大利亚

迪吉里杜管是一种由白蚁挖空的树枝或树根制成的乐器。这种乐器已经被澳大利亚土著人演奏了数千年。

鸭嘴兽是一种澳大利亚特有的长相奇特的动物。18世纪，科学家第一次看到鸭嘴兽时，还以为这是一个恶作剧，认为不可能有这样的动物。

20 世纪 50 年代，一位建筑师在剥橘子时受到启发，设计了举世闻名的

悉尼歌剧院

来点儿食物

1661 年 8 月，法国国王路易十四（Louis XIV）作为贵宾参加了一场**盛大的宴会**，宴会上有食物、表演和烟火。然而，不久之后，他就把这场宴会的组织者关进了监狱。

参与人类首次登月任务的航天员在月球上吃的第一顿饭中有**培根**。

现代的**番茄酱**是由中国古代的一种酱汁演变而来的。这种酱汁由发酵的鱼制成，被称为“鲑（xié）汁”。

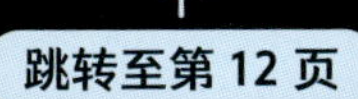
跳转至第 12 页

进入金字塔

考古学家在图坦卡蒙陵墓中发现了将近4000年前的**西瓜种子**。

美国总统乔治·赫伯特·沃克·布什（George H.W. Bush）曾经禁止在他的所有食物中加入**西蓝花**。

去看看其他领导者

第二次世界大战期间，当时还是公主的英国女王伊丽莎白二世（Elizabeth II）受训成为一名**卡车机械师**。

1990 年，比奥莱塔·巴里奥斯·德·查莫罗（Violeta Barrios de Chamorro）从一家报社的老板一跃成为尼加拉瓜总统。她也是中美洲的**第一位女总统**。

印度的占西**女王**拉克希米·巴伊（Lakshmi Bai）年仅 22 岁就领导了反抗英国军队的起义。

骑马向前

跳转至第 8 页

战斗开始了

19 世纪，法国皇帝拿破仑曾被一群**饥饿的兔子**袭击并落败。

革命者纳尔逊 · 曼德拉（Nelson Mandela）在 1994 年成为南非第一位黑人总统。在这之前，他一度乔装成**司机**来逃避政府当局的追捕。

1世纪，征氏姐妹
在越南**发动了一场战争**。
据说她们骑着大象参加了战斗。

18世纪，奴隶出身的杜桑·卢维图尔（Toussaint Louverture）领导了一场革命，成功**废除了**海地的**奴隶制**。他也因此成为这个国家的第一位黑人领袖。

18世纪，牙买加的一群曾被奴役的民众在保姆女王的带领下，在丛林和山区建立起**隐蔽的城镇**。

在中国清代，秋瑾（jǐn）穿着传统的男性服装出国上学、学习剑术。她是一位为推翻数千年封建统治而牺牲的女烈士，提倡**女权女学**，为**妇女解放运动**的发展起到了巨大的推动作用。

布狄卡（Boudicca）女王是1世纪时凯尔特**爱西尼部落**（今英国境内）的首领。她率领军队对抗强大的罗马帝国。她的军队占领了3个城镇，几乎把罗马人赶出了不列颠。

去见见凯尔特人

西方的**万圣节**起源于古老的凯尔特节日萨温节。人们相信在这个节日里，灵魂就在他们附近。

跳转至第 140 页

令人毛骨悚然的鬼故事

喵——

在凯尔特神话中，猫妖是一种既可以给予祝福又可能偷走灵魂的**猫形精灵**。

跳转至第 174 页

吱吱！吱吱！

在土耳其的小镇卡什科伊，有一位非常特别的“**市长**”——橘猫俾斯麦。2014年，因为它的人气实在太高，当地人甚至建造了一座雕像来纪念它。

600 多年前，**泰国曼尼猫**是被当作泰国皇室的宠物饲养的。

……根据一位历史学家的说法，古埃及人会**在寺庙里养狮子**，还一边喂食一边给它们唱歌。有些狮子在死后还被制作成了木乃伊。……

保持沉默 ……→

2100多年前，中国汉代有一位贵族女性——辛追，她的尸体被保存得极为完好，血管中甚至还有**血液**。
一个生活在5000多年前的人在欧洲阿尔卑斯山脉的**严寒环境**中自然变成了木乃伊。现在你仍然能看到他的文身。
大约7000年前，生活在今天智利的人们通过**涂抹**一种含有锰的矿物来制作木乃伊。
寒冷之地

跳转至第72页

……伊朗的矿工在一个**盐矿**中发现了木乃伊。据悉，这些“盐人”是 1700 多年前的人类遗骸。……

……古埃及人曾把**蛇**制成木乃伊。……

前往古埃及

古埃及人数千年前就发明了一种“保龄球”游戏。

为了"治疗"头痛，古埃及人会把一条
用**黏土做的**、嘴里含着草药的**鳄鱼**绑在头上。
找到治疗方法

19 世纪，一个自称
“响尾蛇之王”
的人在美国西部游历并出售
一种号称用蛇油制成的药——
它实际上是用牛肉和松节油等制成的。
人如果摄入松节油有可能
会出现中毒现象。

前往狂野西部

1862年，在加拿大不列颠哥伦比亚省的**淘金**热时期，双峰**驼**被引进以帮助运送物资和战利品。

骆**驼**是丝绸之路上广受欢迎的交通工具。丝绸之**路**连接中国和罗马帝国，有学者认为其全长超过7000千米。

美国旧金山的部分早期建筑是用19世纪加利福尼亚州**淘金**者遗弃的**船只**建造的。

在19世纪晚期的**新西兰**，一只海豚引导着**船只**安全进出海湾，后来它被命名为“罗盘·杰克”。

玛丽·菲尔茨（Mary Fields）是美国西部地区第一位女性邮递员。据说，她非常强悍，曾经击退过**狼**群。

古普韦布洛人在美国西南部修建了许多笔直的道**路**。这些道路没有绕过悬崖或山脉，而是径直向前。

去见见古普韦布洛人吧！

阿拉伯帝国的发明家伊斯梅尔·艾尔·加扎利（Ismail al-Jazari）发明了一个造型别致的水**钟**：主体是一个人骑着**大象**，水钟的圆顶上有一只机械小鸟，它每半小时鸣叫一次来报时。

新西兰的一座机械**钟**从1864年起就一直在运转，其间从未上过发条。

在凯尔特人到来之前，一个被称为乌芬加（意为“**狼**的亲属”）的民族是英格兰东部王国的**统治者**。

伦敦塔曾经饲养过伦敦人从未见过的珍奇野生动物，包括当时其他**统治者**送给英王亨利三世（Henry III）的礼物——豹子、北极熊和**大象**。

为了在干旱的环境中生存，北美洲的古普韦布洛人很可能是通过**融化**从熔岩管中收集到的**冰块**来获取水源的。

古普韦布洛人利用**火鸡羽毛**编织毯子，这和现代羽绒服和羽绒被使用的隔热技术是一样的。

为了建造礼仪性建筑，古普韦布洛人发明了一种几何构造，这种构造至今仍被许多讲蒂沃语和德内语的人使用。
把这些加起来

20 世纪 50 年代，为了测试飞行员在超声速下急刹车的安全性，美国科学家约翰·保罗·斯塔普（John Paul Stapp）把自己绑在

火箭驱动的雪橇

上，雪橇的时速超过 1000 千米，而斯塔普最终活了下来。

火腿三明治定理是在 20 世纪 40 年代被证明的一个数学定理。

该定理指出：总有一刀，能将一个火腿三明治切分成相等的两份。

吃掉它

研究数学思想的毕达哥拉斯主义最初源自对**神秘数字**的崇拜。

跳转至第 144 页

在 9 世纪的阿拉伯帝国，被誉为“**代数学之父**”的数学家穆罕默德 · 阿尔 · 花剌子模（Muhammad al-Khwarizmi）奠定了后世飞行、太空旅行和编码的数学基础。

20 世纪 60 年代，一批非洲裔女性负责手工计算**美国国家航空航天局**（NASA）将航天员送入太空需要用到的数学函数。

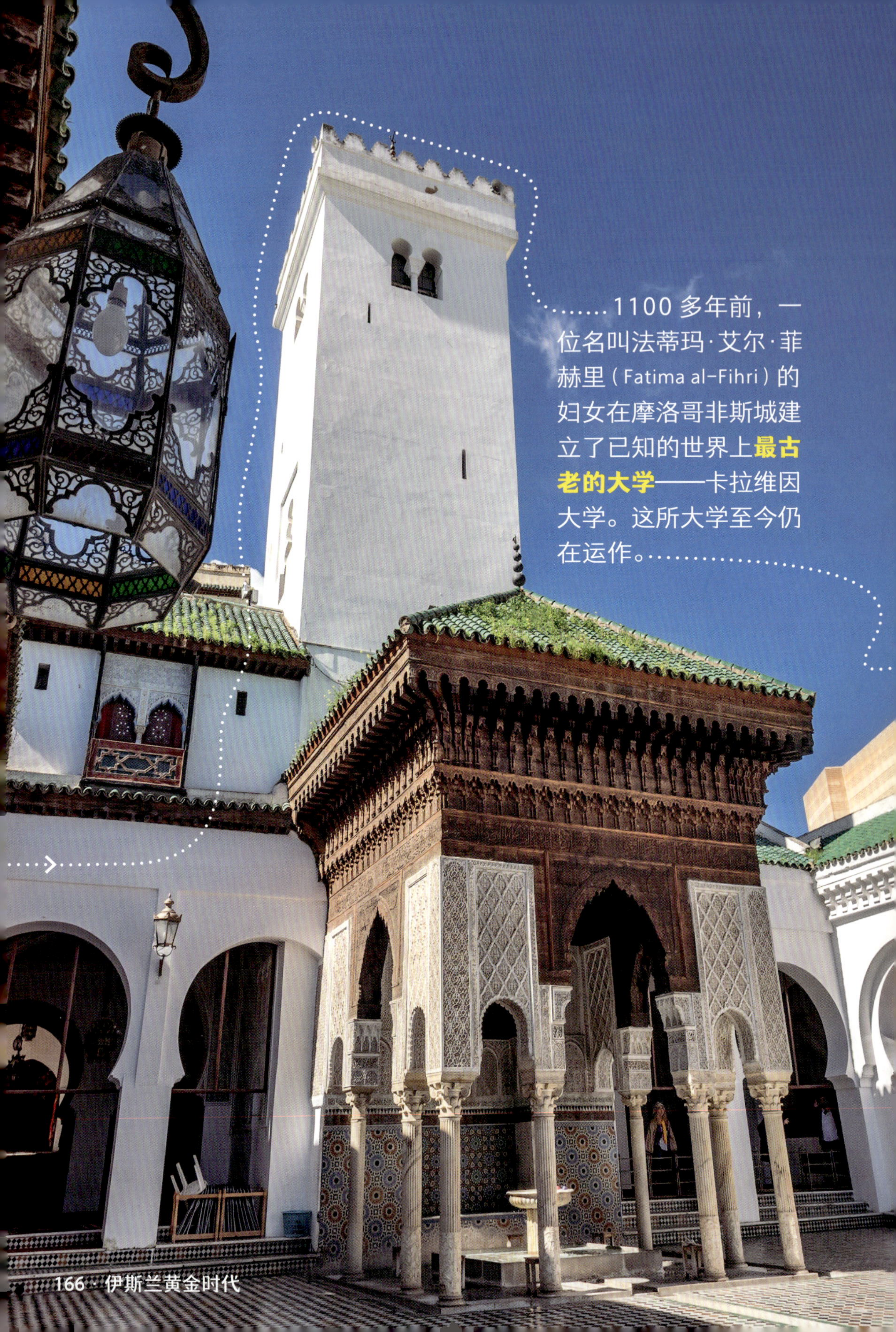

1100多年前，一位名叫法蒂玛·艾尔·菲赫里（Fatima al-Fihri）的妇女在摩洛哥非斯城建立了已知的世界上**最古老的大学**——卡拉维因大学。这所大学至今仍在运作。

9世纪的音乐家齐尔亚卜（Ziryab）被迫背井离乡，从现在的伊拉克地区前往西班牙。相传，这是因为他的老师
嫉妒
他过人的才华。
创作音乐

在巴厘岛的神话中，巴隆（Barong）是集所有善良的**灵魂**于一身的神兽，它长得很像狮子。岛民们通过跳巴隆**舞**来抵御邪恶。

在夏威夷，人们一直通过跳草裙**舞**讲述关于星星、天气和**火山活动**的故事。

薄片琴是一种原理类似钢琴的乐器，津巴布韦的绍纳人认为通过它能与**灵魂**进行交流。

1917年，一位**艺术家**将一个**马桶***颠倒过来，并在上面签了名，从而使其作为艺术作品被载入史册。

古罗马的**厕所**由于甲烷积累过多，有时会发生**爆炸**。

*此处的"马桶"与上一条的"厕所"在英语中均为toilet。

意大利文艺复兴时期的**艺术家**列奥纳多·达·芬奇（Leonardo da Vinci）设计了一种巨型**弩**（nǔ）。

相传，中国第一位皇帝**秦始皇**的陵墓里可能有**弩**机组成的陷阱。

冰岛人利用**火山活动**产生的热量来烤**面包**，这至少有100年的历史了。

中世纪的人们会把不新鲜的**面包**片当作盘子使用。

在**中世纪**，人们认为利用一种叫作魔法石的物质可以制造出**长生不老药**。

古代中国人在寻找**长生不老药**的过程中，意外发现炼制的“药”竟然能引发**爆炸**，从而发明了火药。

这是古代的东西

中国考古学家发现了一条有3300年历史的**裤子**，这是迄今为止发现的最古老的裤子。

从1800年至2012年，在法国巴黎，女性穿**裤子**是**违法**的。

根据一位英国作家的说法，曾经在英国纽马基特，为了保护**马**匹不生病，人们在公共场合擤（xǐng）鼻涕是**违法**的。

根据估算，**秦始皇**陵兵**马**俑坑中的陶马数量可能超过1000匹，这些陶马的大小和真马差不多大。

考古学家在埃及一具木乃伊身上发现了一根人造脚趾。它由木头和皮革制成，已有约3000年历史，是已知的最古老的**人体假肢**之一。

已知的世界上最古老的

枕头

是用石头制成的，它出现在大约 9000 年前的美索不达米亚。

科学家在一处大型宫殿建筑遗址发现了距今约 2400 年的厕所遗迹，这是世界上最古老的**冲水式厕所**。

更多木乃伊

跳转至第 154 页

要上厕所吗？

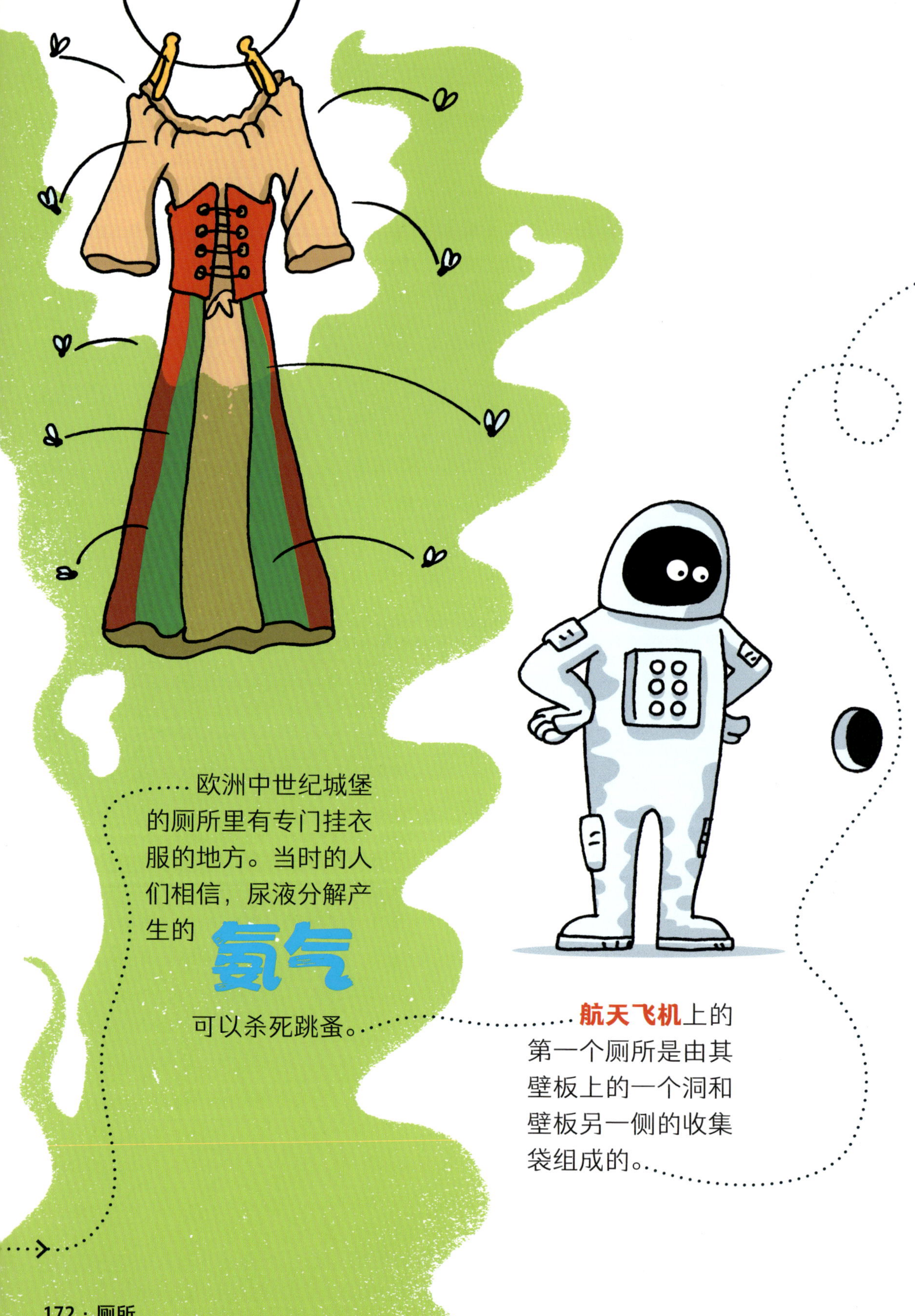

欧洲中世纪城堡的厕所里有专门挂衣服的地方。当时的人们相信，尿液分解产生的**氨气**可以杀死跳蚤。

航天飞机上的第一个厕所是由其壁板上的一个洞和壁板另一侧的收集袋组成的。

1902 年，越南河内的
下水道里**老鼠**成灾——
它们甚至从厕所中的
马桶里往外爬。
闻到了老鼠的味道

印度拉贾斯坦邦一座 15 世纪的寺庙里供奉了大约

20000只老鼠，

人们会给它们喂食牛奶。

在欧洲和美洲殖民时期的猎巫运动中，人们认为女巫的皮肤上可能会有**老鼠爪子**形状的印记。
施咒语

在俄罗斯的民间传说中，芭芭雅嘎（Baba Yaga）是一个偷孩子的
邪恶女巫。
她住在一个长有巨大鸡爪的小屋里，坐在一个铁锅中飞来飞去。
是时候喝一杯了

传说茶是由中国的神农氏发现的。当时，**树叶被风吹进**了神农氏烧沸的**水里**，于是便有了茶。

北美洲的几个原住民族会喝一种由**冬青树叶**制成的茶，这种茶含有很多咖啡因。

一名英国男子在清理车库时发现了一个**中国清代的茶壶**，它被卖出了 39 万英镑（约合 370 万元人民币）的高价。
失物

跳转至第 183 页

令人惊讶的案件

……1918 年，奥地利王室将一颗巨大的**黄钻**存入瑞士银行的金库。后来它消失了，再也没有人见过它。……

……据说在19世纪，海盗袭击了一艘满载**黄金白银**的西班牙船只，然后带着船上的珍宝逃跑了。不过，后来他们遭遇了风暴，还被困在一座荒岛上。直到今天，这些珍宝仍未被找到。

海盗来啦！

……1907 年，爱尔兰**王冠上的珠宝**在都柏林城堡被盗，至今仍未被找到。……

跳转至第 18 页

……1608年，一名葡萄牙探险家试图偷走缅甸的达摩悉提大铜钟。它由铜、银和金制成，是世界上**最大的钟**。然而，这个大铜钟对于运送它的木筏来说实在是太重了，最终它连木筏一起沉入了大海。……

……1981 年，墨西哥城的一名建筑工人发现了一批阿兹特克黄金。这些**黄金**可能是近 500 年前被西班牙入侵者偷走的。……

1899年，美国西部一群被称为“狂野团伙”的不法之徒**炸毁了一座大桥**，迫使火车停止行驶。他们从火车上抢走了大量钱财，其价值相当于今天的100多万美元。
沿着轨道走

跳转至第 8 页

据说在1830年，一位美国商人为了证明蒸汽火车的强劲动力，让他的火车和马赛跑。由于火车中途出现了故障，最终

马取得了胜利

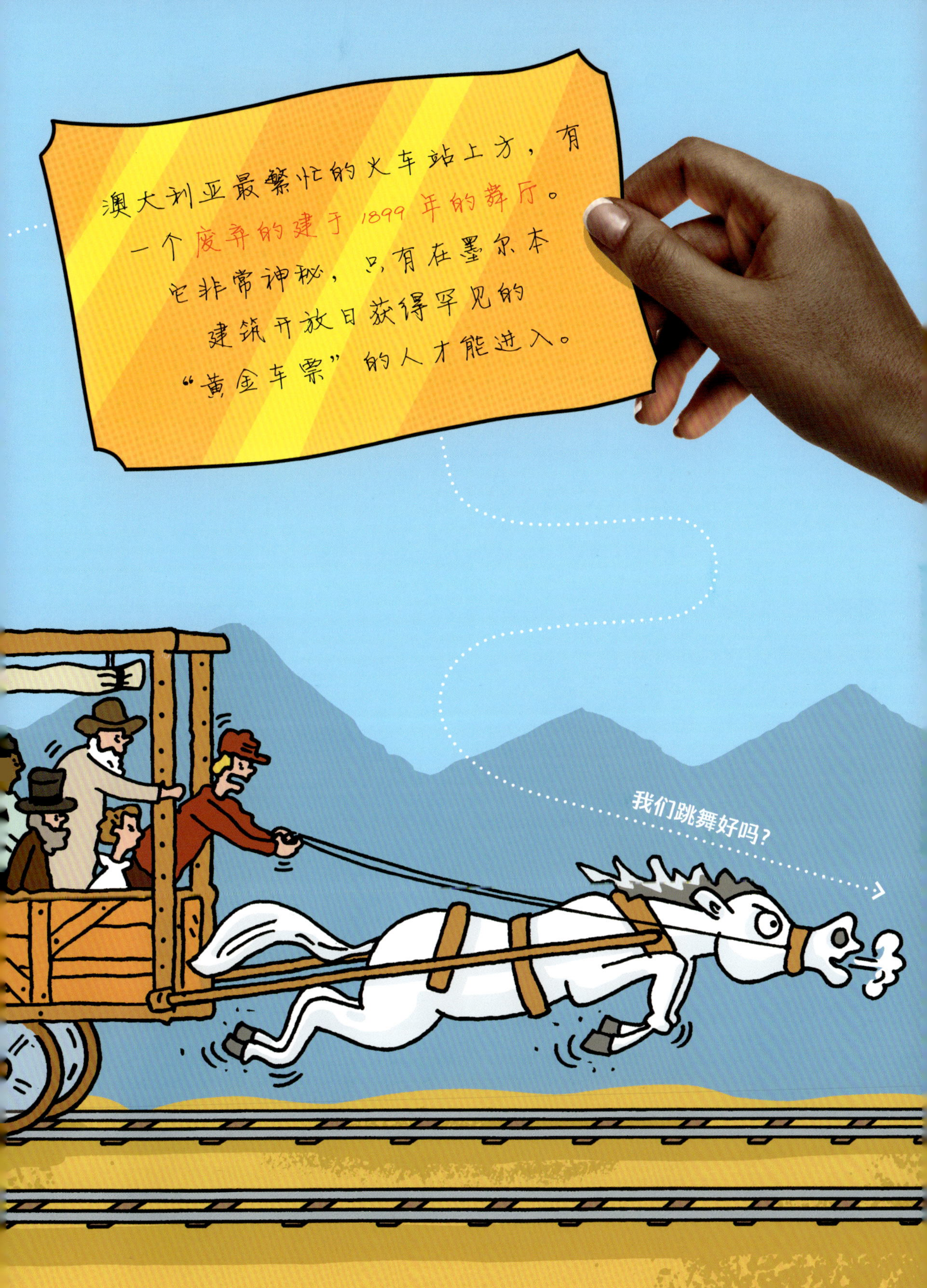
澳大利亚最繁忙的火车站上方，有
一个废弃的建于1899年的舞厅。
它非常神秘，只有在墨尔本
建筑开放日获得罕见的
“黄金车票”的人才能进入。
我们跳舞好吗？

自20世纪初以来，加拿大和美国中北部地区的阿尼什纳比人就开始表演**铃衣舞**——舞者穿着挂满金属圆锥的连衣裙，跳舞时圆锥叮当作响，他们认为这可以为生病的人治疗疾病。

在13世纪的土耳其，人们发明了一种叫托钵（bō）僧舞的舞蹈。这种舞蹈的舞者通过训练，可以连续旋转几个小时而不**头晕**。

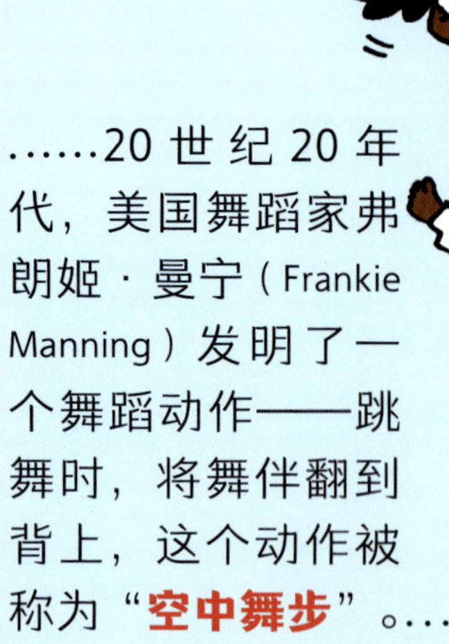

20世纪20年代，美国舞蹈家弗朗姬·曼宁（Frankie Manning）发明了一个舞蹈动作——跳舞时，将舞伴翻到背上，这个动作被称为“**空中舞步**”。

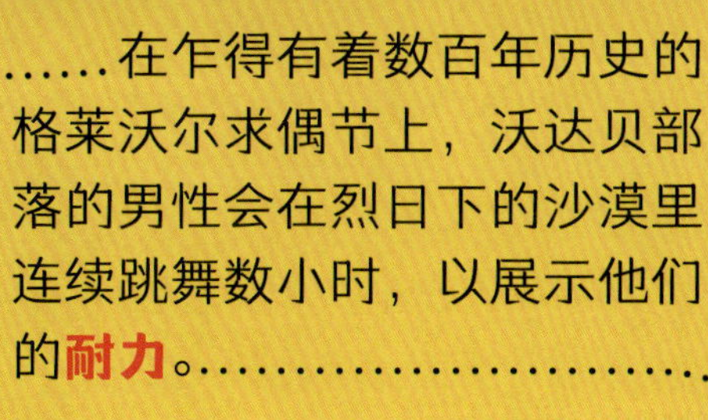

在乍得有着数百年历史的格莱沃尔求偶节上，沃达贝部落的男性会在烈日下的沙漠里连续跳舞数小时，以展示他们的**耐力**。

中世纪的欧洲**骑士**除了要擅长战斗，还要会跳舞。

多么勇敢！

去往沙漠

跳转至第 70 页

大多数全副武装的英国骑士对于当地的马来说实在是**太重了**。

因此一直到16世纪，英国必须从其他国家引进更强壮的马供骑士骑乘。

一整套骑士盔甲大约重50千克，穿上它相当于背上背着**10多个保龄球**。

击球

1935年，一位罗马尼亚艺术家开始在瑟彭察快乐**坟**场的墓碑上添加绘**画**和诗歌，从此这成为一种传统。

呼麦（又称“蒙古**喉**音”）是蒙古族特殊的**音乐**形式，一个人可以同时发出多种声音，达到合唱的美妙效果，它已有数百年的历史。

达·芬奇的一幅**画**作中可能隐藏着一段**音符** *。

* 此处的“音符”与上一条的“音乐”在英语中均为“music”。

在大约1700年前的**欧洲**，保龄球运动曾是一种宗教仪式。

在中世纪的**欧洲**，贵族穿的鞋子又尖又长，**脚趾**前部的鞋尖必须用填充物来支撑。

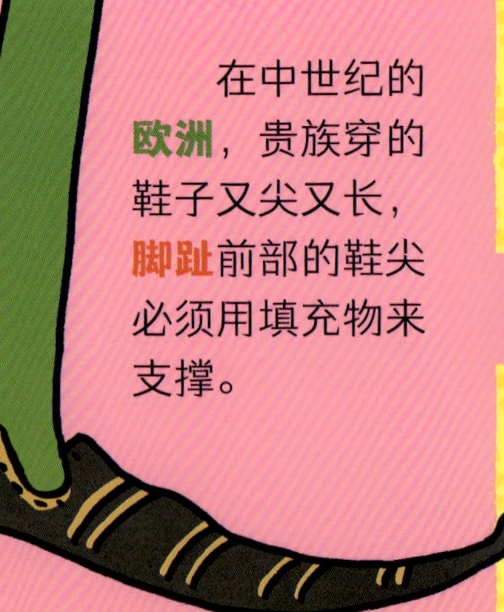

1870年，由于墓地过于拥挤，位于现在捷克境内的一座教堂被改造成了一座坟墓，里面陈列着众多用人骨做成的艺术品。

在7000多年前的美索不达米亚，人们将骨头用作骰（tóu）子。

“大话骰”源自秘鲁古老的骰子游戏 Dudo。

一起玩儿吧！

英国民间有一种治疗喉咙痛的方法——把满是汗渍的袜子套在脖子上。

古埃及人的袜子有的会在脚趾处分成两个部分以增加舒适度。

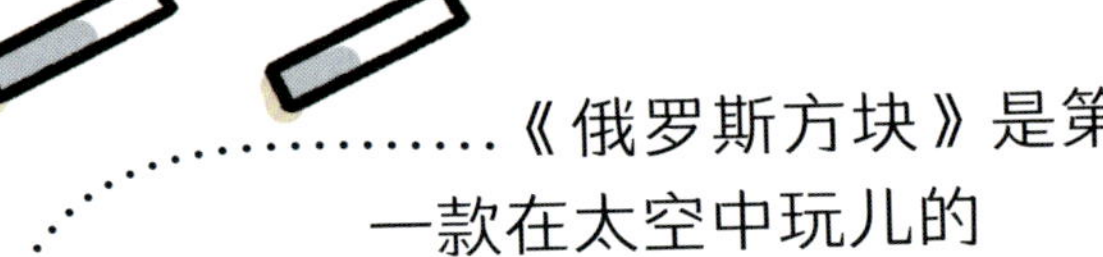

《俄罗斯方块》是第
一款在太空中玩儿的

电子
游戏。

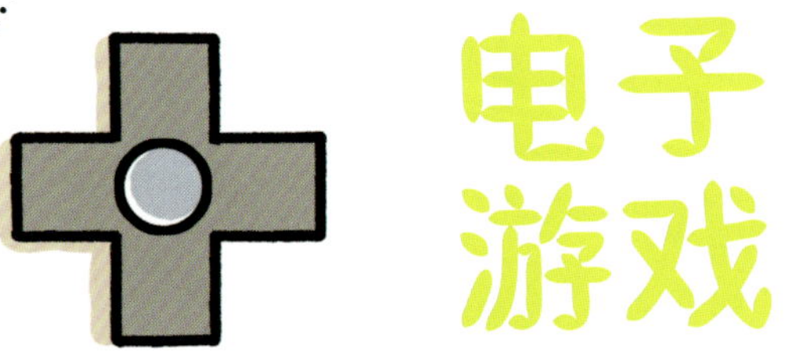

乌尔皇室棋盘游戏是已知的最古老的棋盘游戏之一，它流行于4000多年前的美索不达米亚地区。谁的棋子能最先走到棋盘的尽头，谁就获得胜利。

你已经到了！

根据一些历史学家的说法，古罗马士兵会穿着盔甲玩**跳房子**游戏，以提升他们的速度和反应能力。

在 18 世纪的法国，剧院会雇用**成群的“喝彩人”**。剧院付钱让他们在适当的时刻哭泣或大笑，在演出结束时鼓掌，以让其他观众融入演出。

这些词在哪里
（按音序排序）

E

F

G

H

J

K

L

M

W

X

Y

Z

注：这里的页码提示你包含这个关键词的最精彩内容在哪里。

特约策划：敖德
特约编辑：郭文婷